2021年度重庆市社会科学规划博士项目“马克思主义生态理论演化史对中国生态治理的启示研究”（编号：2021BS005）的部分成果
2021年度重庆文理学院学术专著出版资助

马克思主义生态理论的演化及教育启示

张苏强　陈有玲 ◎ 著

安徽师范大学出版社
ANHUI NORMAL UNIVERSITY PRESS
·芜湖·

图书在版编目(CIP)数据

马克思主义生态理论的演化及教育启示 / 张苏强,陈有玲著 .— 芜湖:安徽师范大学出版社,2022.12

ISBN 978-7-5676-5985-8

Ⅰ.①马… Ⅱ.①张…②陈… Ⅲ.①马克思主义—生态学—研究 Ⅳ.①A811.693

中国版本图书馆CIP数据核字(2022)第235390号

马克思主义生态理论的演化及教育启示　　张苏强 陈有玲◎著

责任编辑:阎　娟　　责任校对:晋雅雯

装帧设计:张德宝　汤彬彬　　责任印制:桑国磊

出版发行:安徽师范大学出版社

芜湖市北京东路1号安徽师范大学赭山校区

网　　址:http://www.ahnupress.com/

发 行 部:0553-3883578　5910327　5910310(传真)

印　　刷:苏州市古得堡数码印刷有限公司

版　　次:2022年12月第1版

印　　次:2022年12月第1次印刷

规　　格:700 mm × 1000 mm　1/16

印　　张:11.75

字　　数:198千字

书　　号:ISBN 978-7-5676-5985-8

定　　价:58.00元

前　言

当前经济危机和生态危机愈发成为人类生存发展的两大问题，马克思主义对解决这两大问题仍具有深邃的理论活力与方法意蕴。马克思主义不仅要解释世界，更要改造世界。本书认为，应该对马克思主义的生态思想进行有效整合，尝试回到马克思恩格斯的生活时代背景，归纳提炼马克思主义生态理论的相关成果，不断丰富马克思主义在生态议题上的理论内涵，探索马克思主义生态理论形成发展的脉络与演进思路，并寻求其当代启示。这既是本书的创新之处，同时也是写作的理论动机。

基于此，本书围绕马克思主义生态理论的形成发展和演变历史，并将针对资本主义的生态批判作为研究主线，深入展开马克思主义生态理论的当代价值讨论和未来趋向探讨，积极关注其现实教育启示与实践意义。在理论上，这有助于丰富马克思主义理论的时代内涵，拓展马克思主义时代化，尤其是对生态议题的深刻思考，符合马克思主义理论内在发展的需要，也有助于在实践上破解生态危机的解决之道，进而结合中国特色社会主义生态文明建设内涵，尊重人与自然生命共同体和谐共生的现代化建设规律，实现真正契合人类命运共同体的发展诉求。

第一章是从社会背景和思想溯源角度出发，通过揭示马克思恩格斯生活时代的一些生态问题，进而探寻马克思恩格斯生态思想形成的渊源。第二章认为，马克思恩格斯生态理论在内容上包括无机身体论、自然报复论、双重和解论以及新陈代谢断裂论，同时提出，独特的政治经济学研究视角、重视资本主义批判思维方法和鲜明的现代唯物主义品格是马克思主义生态理论的主要特征。此外，还强调，马克思恩格斯的生态理论有着重要的价值，例如已经对人与自然之间关系有了动态平衡的思考方式，逐步考虑将生态生产与限制资本纳入社会发展的良性轨道，积极肯定自然环境对于人类社会的优先地位。第三章对马克思主义生态理论在20世纪早期的主要拓展进行阐述，列宁的帝国主义批判理论、普列汉诺夫的自然地理环境论、布哈林的社会与自然平衡论以及卢森堡的资本积累论等都是有着生态意蕴的，也是20世纪早期马克思主义生态理论重要拓展的体现。第四章主要探讨马克思主义生态理论在当代的发展，其一是马克思主义生态理论在西方的发展，主要指“生态马克思主义”对历史唯物主义的丰富与发展，生态社会主义对社会主义的重构意图以及马克思的生态学的唯物主义生态意涵。其二是指中国化的马克思主义生态理论发展历程，这既涵盖了党和国家领导人关于生态发展观、生态文明观以及生命共同体的思考，又涉及了思想界、学术界对于生态理论的具体反思与实践做法。由此针对当代马克思主义生态理论的主要特征和关切内容进行了一系列阐释，关注到了都市马克思主义、能源政治和气候治理等理论与实践问题。第五章探究马克思主义生态理论的未来趋向，要加强马克思主义生态理论与现实问题契合的实践走向，不断拓展马克思主义生态理论在系统化和世界化意义上的理论内涵，进而丰富马克思主义的当代生机与活力，奠定社会主义生态文明建设的思想认同基础。

总之，我们认为，其一，在马克思恩格斯生活时代，生态问题绝非当时的时代主题和他们关注的核心，但从他们对资本主义经济危机背后的资本增殖逻辑批判而言，马克思恩格斯当时已经有了一定的生态思想萌芽。这些思想萌芽尽管直至20世纪才被福斯特等人逐步发掘并得到充分印证，这也不能磨灭马克思恩格斯作为马克思主义生态理论奠基人的地位。其二，列宁、普列汉诺夫、布哈林等苏俄马克思主义学者作为马克思主义生态理论在20世纪早期的代表人物，但对于马克思主义生态理论的揭示和全面影响力的传播，集大成者则是在20世纪90年代后期的格伦德曼、21世纪初期的福斯特、奥康纳和佩珀等人。其三，马克思主义生态理论的演进逻辑是资本批判逻辑的深化。马克思主义本身是开放的和不断发展的学说，马克思主义生态理论更是如此，对于自然科学成果的吸收和借鉴，以及对于人类社会生态实践经验的总结，一直彰显着马克思主义的强大生命力。新冠肺炎疫情的全球扩散激发了人们对资本主义和社会主义的双重反思。资本主义社会面临着从经济、政治到生态的重大危机，资本主义在疫情应对中的所谓平等的幻象和绿色资本主义的伪命题，再次激活了马克思主义生态文明的话语权。中国在这次世界性大考面前彰显出社会主义国家的责任担当与人类命运共同体的高度自觉，并向世界证明了以公有制为核心的社会主义制度的巨大优越性，为进一步推动中国特色社会主义生态文明建设奠定了认同基础。

目　录

绪　论

一、选题背景及研究意义

（一）选题背景

法国学者让-马里·阿里贝（Jean-Marie Harribey）认为，20世纪是以世界普遍危机而告结的。在资本主义历史上首次产生了两个严重恶化的现象，即社会灾难和生态灾难。首先是社会秩序的恶化，尽管生产的物质财富大大增加，但世界范围内的贫穷和不幸并未减少；其次是自然和生态系统的严重恶化，它们受到某些不可再生资源枯竭的影响和各种污染的威胁。这一生态危机产生的根源无可争议的是工业发展模式，它只以投入资本收益是否最大化作为判断标准。社会灾难和生态灾难的同时发生并不偶然，这是全球范围内的资本积累所引起的经济社会发展所致[①]。生态思维或生态视角开始逐步成为学术研究范式和研究视域，一切理论都要接受绿色或生态的评判和审视，一切有重大历史影响的理论、学说都被人们重新发掘和阐释，从而期冀找到解决当代生态危机的良策。著作题为马克思主义生态理论的演化及教育启示，其依据主要有两方面。

从实践层面上看，破解生态难题，从工业文明走向生态文明，也是我

① 雅克·比岱，厄斯塔什·库维拉基斯主编.当代马克思辞典[M].许国艳等，译.北京：社会科学文献出版社，2011：206-207.

国建设社会主义现代化伟大实践中面临的重大现实问题。人类历史从古代的农业文明，到近现代的工业文明，今天正处于历史的转折点上。与工业文明伴生而来的生态危机，给人类带来了生存还是毁灭的挑战。走出旧有文明框架下深陷危机的泥潭，就必须寻求新生的文明图景。超越工业文明，进而走向生态文明，建成一个人与人之间公正公平，人与自然之间和谐共处的世界新秩序，走可持续发展道路，已经成为人类历史发展的必然趋势。然而，问题令我们不容乐观。20世纪以来的全球环境治理问题，虽有局部好转，但在总体上呈加速恶化态势，生态危机愈加深重。谈到生态实践，人们尚未找到科学可行的良方，全球范围内更缺乏一种有效的合作机制。难能可贵的是，我国在中国特色社会主义理论体系的指导下，构建包括人与自然和谐共生的社会主义生态文明，已经成为中华民族伟大实践的重要组成部分。全面树立和贯彻落实习近平新时代中国特色社会主义思想，推动绿色发展，积极建设社会主义生态文明，离不开马克思主义生态理论的支撑。

从理论层面上看，生态理论是国内外生态研究的重要对象，也是马克思主义理论研究中的题中之义。当前，在全球范围内的绿色理论中，各种思潮不断呈现，各种理论观点激烈争论，各种学说派别相互交锋，预示着生态理论研究将进一步走向繁荣和发展。作为时代精神精华的马克思主义也应该有自己的生态理论研究，也应该在世界生态研究中占有一席之地，在生态哲学领域有自己的发言权。目前，相关研究在我国学界尚处于初始译介和逐步深入的阶段，其研究的范围、研究的深度以及研究的成果都远不及其他领域，有待于我们更进一步地开拓与创新。可以说，研究马克思主义生态理论的演进及其教育启示，是构建马克思主义生态哲学，推进马克思主义理论体系丰富和发展的基础性工作。

（二）选题意义

从理论意义上看，本书对于推进马克思主义生态理论研究，繁荣马克思主义理论与建设工程具有重要的意义。在方兴未艾的生态理论研究中，马克思主义生态哲学研究应占有一席之地，马克思主义在生态哲学领域中应该有自己的发言权。对于这一点，我国学界要走的路还很长。国内以“生态哲学”为题的著述多限于国外各种各样绿色理论的引进与介绍，尚未超越绿色理论的话语体系。马克思主义哲学是“我们时代唯一不可超越的哲学”。然而，对马克思主义的研究是“一个渐进的和提升的过程”。从时代问题出发，伴随着一定历史语境，重新解读马克思恩格斯曾被人们忽视的甚至是被遮蔽的思想，澄清被误解的内容，回应他们所遭受的种种指责和责难，在理论上完善马克思恩格斯的思想体系，这是坚持和发展马克思主义，推动马克思主义理论研究不断走向深入的重要途径。迄今为止，人们对马克思恩格斯有关生态理论的挖掘和研究，特别是对于马克思恩格斯生态理论的研究，是不充分的。许多内含于、以胚胎或萌芽的形式存在于马克思主义理论中的生态哲学思想往往被忽略、遗忘甚至扭曲，马克思恩格斯遭受的各种诘难尚未得到充分回应，马克思恩格斯生态理论的时代价值还没有得到全面展示。因此，以当代历史实践为契机，“重读”马克思恩格斯，寻找马克思主义生态理论，凸显其被遮蔽的生态理论，挖掘马克思恩格斯生态理论的历史演进脉络，彰显马克思主义生态理论的现代意义，成为坚持和完善马克思主义，在理论上不断发展马克思主义，在实践中不断深化马克思主义的务实之举。

从实践意义上说，本书对于人类解决全球性生态危机，对于我国社会主义生态文明建议具有重要的实践价值。马克思恩格斯的思想宝库包含十分丰富的生态思想。马克思恩格斯关于人对自然的合理调节、人与自然的协调发展的思想，为我们解决当代生态环境问题奠定了哲学基础，它对我们遵循自然规律办事、保持人与自然的和谐共生具有直接指导功能，是我国破解生态环境难题，建设社会主义生态文明社会的思想武器。早在19世纪，马克思恩格斯就很有远见地揭露了近代资本主义社会的生态环境问题，详尽地分析了当时近代资本主义社会的生态环境污染状况，深刻地剖析了资本主义社会环境问题的根源，并积极探寻生态环境问题的对策。马克思恩格斯在人与自然的关系中看到了人与人的关系，主张人与自然矛盾的彻底解决取决于人与人之间矛盾的彻底解决，主张正确处理社会、人口、经济、环境、资源之间的关系，这为我们今天认识并解决生态环境问题，提供了哲学智慧。

二、国内外研究现状及评述

（一）国外研究现状

对马克思恩格斯生态思想的关注最早开始于20世纪六七十年代的西方学界。面对生态危机日趋恶化的态势，学者们纷纷到马克思恩格斯著作中寻求良策，从生态学角度对马克思恩格斯思想进行研究，由此在理论界形成了不同的看法。这里不仅存在生态主义和生态社会主义、生态马克思主义的分歧，即使在生态社会主义、生态马克思主义内部，甚至也存在严重分歧。一般来说，生态主义属于生态运动中的“深绿派”，包括生态原教旨主义、生态无政府主义和主流绿党等，它基于生态中心主义的哲学基础，从生态角度对马克思主义进行批判，否认马克思恩格斯有生态思维。在他们看来，马克思主义的政治经济学没有任何生态学思维的痕迹，以马克思主义为文化价值基础的社会主义同自由主义一样都是“生产主义”，都是无限制的、促进盲目增长的意识形态，基于经济增长和技术进步而不断实现自由扩张的信条是二者共同的价值基础。而生态学则是“反生产主义”的，既反对资本主义也反对社会主义。生态主义者批评马克思恩格斯没有生态学思维，他们认为马克思恩格斯对资本主义和工业革命的赞扬，是对人类中心主义、生产主义或生产力主义的认同，甚至认定马克思恩格斯是支配自然和对科学技术持乐观主义的“共谋”。

西方马克思主义尤其是生态马克思主义，一般说来都承认与马克思主义的渊源关系，承认生态社会主义是在马克思主义思想指导下形成的一种社会主义思潮。他们都强调生态社会主义并没有离开马克思主义理论传统，但又是对传统马克思主义的一种“补充”“发展”或“超越”。就西方马克思主义思潮而言，它并非一个统一流派，其内部也是观点各异。生态马克思主义中的大多数人都认定在马克思恩格斯的著作中已包含了深刻的生态理论，马克思恩格斯是最早的生态社会主义者，现在需要做的是挖掘、发扬和进一步推进马克思恩格斯的生态理论。如法兰克福学派代表人物赫伯特·马尔库塞（Herbert Marcuse）在《论解放》等著作中，以马克思的《1844年经济学哲学手稿》为依据，详细地论述了马克思主义关于人与自然相互关系的理论，论证了“解放自然”的必要性和可能性。北美生态马克思主义代表人物威廉·莱易斯（William Leiss）在《自然的控制》一书中就对马克思恩格斯关于自然的概念以及人与自然相互关系的理论进行了深刻的挖掘，揭示了马克思恩格斯的生态社会主义思想。北美生态马克思主义领军人物霍华德·L.帕森斯（Howard L.Parsons）在《马克思和恩格斯论生态学》一书中认为马克思恩格斯有自己明确的生态学思想，主要体现在马克思恩格斯关于社会与自然的辩证关系的观点上，即通过劳动与技术实现的人与自然的相互转换，必将经历前资本主义的人与自然的关系、资本主义的人与自然的异化关系和共产主义条件下的人与自然的统一关系，自然的压迫也将伴随着阶级关系的消除而消除。欧洲生态社会主义代表人物戴维·佩珀（David Pepper）和瑞尼尔·格仑德曼（Reiner Grundmann）也高度肯定了马克思的自然概念对生态保护的意义，并有力地驳斥了生态中心主义者对马克思恩格斯的误解与指责，捍卫了马克思主义的人类中心主义立场。

在西方马克思主义中，肯定马克思恩格斯具有生态思想并对之做出最为系统的辩护和阐发的是生态马克思主义者、美国俄勒冈州大学社会学教授约翰·贝拉米·福斯特（John Bellamy Foster）。在其2000年出版的《马克思的生态学：唯物主义与自然》一书中，福斯特第一次明确提出了马克思的生态学概念，并在其后的学术研究过程中继续发掘、补充马克思的生态学理论及其对社会主义革命和理论的影响。福斯特在该书中为马克思主义生态观做了迄今为止最为全面系统的辩护，重建了马克思的生态学，恢复了马克思作为生态学家的本来面目，并阐述了马克思的生态学对后世的影响。

日本马克思主义哲学家、环境哲学家岩左茂（Shigeru Iwasa）和斋藤幸平（Kohei Saito）也都认为，在马克思恩格斯的思想中有环境保护的观点。然而在社会主义国家，对于马克思主义环境思想的理论研究是极不充分的。岩左茂在其《环境的思想》第四章中，专门挖掘了马克思恩格斯的环境保护思想。他认为，马克思的哲学立场是唯物论，这是马克思从青年到晚年的一贯的观点。青年马克思把人看作“自然界的一部分存在物”，主张“自然的人本主义”与“人的自然主义”的统一，并把两者的统一看作是“人同自然界的完成了的本质的统一”“自然界的真正复活”，这表明他并没有站在那种认为自然只是为人的繁荣而存在的人类中心主义立场上。青年马克思的自然主义与人道主义统一的观点，在他的主要著作《资本论》中也得以贯彻。马克思在《资本论》中阐发了合理地调节人和自然之间的物质变换的思想。马克思还把“人和自然之间的物质变换”作为自然界的形态变化来把握。在劳动中自然物向产品的物质变换，在他看来，就是“自然物发生形式变化”。马克思不仅把“人和自然之间的物质变换”作为自然循环的一个环节来把握，而且指出资本主义的生产由于把人口聚集到城市，导致消费的废弃物的不断产生，“扰乱”了“人和自然之间的物质变换”。这种“扰乱”也是对“土地的丰收性的持续、永恒的自然条件”即对自然的“扰乱”和“破坏”。不仅马克思，恩格斯也为考察当今的环境问题提供了富于启发性的观点。青年恩格斯在《英国工人阶级状况》的报告中揭露了公害与环境卫生问题。在《国民经济学批判大纲》中，他论述了“人类同自然的和解以及人类本身的和解”的观点。在《自然辩证法》中，恩格斯还提出警惕对自然的“支配”“胜利”导致自然的“报复”。岩左茂据此认为，恩格斯的观点与马克思将人作为自然界一部分来把握的唯物论立场是一致的。为此，岩左茂还就“支配自然”“生产力主义与生产力问题”对马克思恩格斯遭受诘难进行辩护。当然，生态马克思主义内部也有人不赞成从马克思的著作中为生态社会主义寻找某种“合法性”根据，但他们也不否认研究马克思主义对当代生态运动有着重大意义。他们认为，对当代生态运动来说，马克思主义的重要意义不在于理论本身，而在于其批判精神和方法。

（二）国内研究现状

国内关于本论题的研究晚于国外，研究大多集中于对马克思生态思想的文本挖掘，以及对生态社会主义、生态马克思主义的各种派别及其思想的介绍和研究。

（1）研究的理论基础：对马克思恩格斯生态思想的文本挖掘

国内绝大多数学者认为，在马克思主义创始人的著作中包含着丰富的生态哲学思想。由于19世纪的生态问题不像今天这样突出，以及受当时的特殊历史实践所限制，马克思恩格斯不可能就生态问题进行专门的系统研究。但是，如果拿他们的著作中所论述的生态思想来对照当代日益严重的生态形势，可以说，他们在很大程度上已经超越了时代的局限，无愧为人类生态学产生之前伟大的生态思想家。在这一基本共识下，许多学者从不同角度对马克思恩格斯生态思想遗产进行了文本挖掘，揭示了马克思恩格斯虽然没有冠以“生态”一词，但是却明确地探讨了生态问题的根本问题即人与自然的关系问题。

学者周义澄从马克思的原著出发，详尽地展示了马克思在各主要理论中对自然观念的多方面阐述，阐明马克思自然概念的主要理论原则，进而从理论科学及社会工业实践方面论证马克思自然概念的现代意义。他认为，马克思关于人类劳动过程中进步的预言，关于合理调节人与自然的物质交换的思想以及关于自然生产力与社会生产力的辩证关系的思想，对于现代人与自然界的协调共生有现实指导意义。

学者解保军比较系统地考察了马克思自然观演进过程中的自然观的本质特征，并揭示了其自然观的生态哲学意蕴及其对我国当前生态文明建设的指导意义等。他指出马克思的人的对象性的存在方式与自然的状况、人的“类的存在”的哲学思想与尊重他人、关爱动植物等其他“类”的生存的关系、人与动物作用于大自然的方式与手段的异同点、如何理解“人的生产是全面的，人按照任何物种的尺度来进行生产”等问题很有现代意味，可以说是可持续发展理念的“红色”社会革命与“绿色”生态革命相结合的思维先声。在某种意义上，我们可以说马克思恩格斯是人类历史上第一批生态学家，是人类生态学家，更是社会生态学家。他们不仅很早就主张人与自然的和谐，告诫人类要谨慎地处理人与自然的关系，要充分考虑到目前活动可能对大自然产生的长远影响，而且他们率先展开了对资本主义反自然、反人性的社会本质的批判。他们一贯认为社会异化是自然异化的真正原因，要克服人与自然的异化，就必须克服社会与人的异化。他们把人的解放和自然解放看成是社会解放的重要内容，很早就产生“红”与“绿”相结合的社会理念。

广州市环境保护宣传教育中心的臧立把马克思恩格斯关于生态环境的论述按照人与自然、自然·人·社会、环境问题、正确认识自然界、物质变换和能量变换、科技·环境·生产力、人和动物等七个方面进行了节选，为我们深入开展马克思恩格斯生态思想研究做了有益的基础工作。作者在前言中也把马克思恩格斯的生态思想综合起来进行了梳理，他将马克思恩格斯环境思想称之为敲响环境问题的警钟。如人在自然界具有双重身份，合理调节人与自然之间的“物质变换”等。学者余正荣则认为，马克思恩格斯的生态思想，主要包括以下四个方面的内容。第一，人和自然关系的生态哲学观点。他们把人和自然的关系看作是一个复杂的对立统一的整体，对这一整体的把握，构成他们生态哲学的主要内容。第二，人和自然关系的科学观点。马克思使用自然科学术语来分析人与自然的关系，马克思借助于对人类占有的自然的劳动资料及其社会形式的分析，阐明了自然的历史变化与人类生产方式变革之间的本质联系，通过对劳动、分工、阶级分化、制度变革的历史过程的研究，揭示了社会和自然相互作用的历史形式，达到了对人和自然物质变换的历史过程的具体把握。第三，对物质生产的合理化和物质变换的新形式的设想。马克思从资本主义生产对人和自然的物质变换过程中，不仅看到了城乡之间的对立，而且觉察到了以资本主义生产方式经营的工业和农业，给人和自然都带来了严重的灾难，认识到了这种开发自然的物质技术和生产工艺，在实际应用过程中的反自然的本性，并提出在技术和工艺方面要克服人和自然之间的对抗，在精神文化和物质文化方面要克服城乡之间的对立，在社会关系方面，要促进全人类解放和个人自由而全面的发展。第四，关于物质变换的自然进化后果及其社会历史制约性的思想。马克思恩格斯认为，人和自然之间的物质变换，既应该考虑到自然本身的进化后果，也要重视其社会历史制约性。

另外，杨学功、张敏、张来仪、韩立新、王树恩、桂启权、方世南等许多学者也在这方面做了不懈努力。他们大都从马克思恩格斯主要著作入手来阐发人与自然的辩证关系，即人是自然的一部分，自然作为人的外部环境被视为“自然生产力”，人是通过劳动把自身同自然联结起来的，也正是这种人的能动性在资本主义制度下的过分发挥导致了环境危机。所以，人的能动性不能对自然对象任意发挥，人不能过分地陶醉于人类对自然的胜利。人应该在尊重自然的基础上谋求人与自然的和谐发展，即马克思恩格斯所谓的“自然界的人的本质与人的自然的本质之间的辩证统一”和“自然的人道主义与人的自然主义的辩证统一”。不同学者在挖掘马克思主义生态思想时所持的具体视角和观点还是有区别的。他们对马克思生态思想的挖掘，关注点大多集中于马克思的《1844年经济学哲学手稿》中的生态哲学思想，其主要揭示了马克思以人的类本质——劳动，即以对象性活动为中介的人与自然的统一。这是以异化劳动以及对这种异化的扬弃为线索展开的。也有学者关注恩格斯生态思想的研究，其主要内容是在马克思生态思想的基本路线上展开的。但对于恩格斯生态思想的深入挖掘，以及把马克思恩格斯的生态思想合并考察，寻找二人的统一性和差异性，则还不多见。必须指出的是，这些研究对于推动中国特色社会主义生态文明建设的实际需要来说，在深度和广度上都还有待于继续加深和拓展。就研究对象而言，被给予较多关注的还是《1844年经济学哲学手稿》。对于马克思恩格斯的其他著作关注则略显不足，比如马克思的《资本论》中的生态思想，虽然也得到了较多的关注，但大都是在著述或著文中提及，专门深入的研究还不多见。资本主义社会的生态学批判这条绿色线索过多地被政治经济学批判这条红色线索掩盖，没有被充分揭示出来。实际上，马克思在《资本论》中对资本主义进行了深刻的生态学批判，最早敲响环境危机的警钟，也阐发了自然生产力思想，充分肯定自然的价值和效用，并且提出了可持续发展、循环经济思想，主张合理控制人与自然之间的物质变换，这包含着极为丰富的生态哲学思想。再比如恩格斯的《反杜林论》《自然辩证法》《政治经济学批判大纲》等著作，都阐述了人在自然界中的生态地位、自然界对人的报复，以及人与自然辩证发展的和谐图景。至于马克思恩格斯思想发展的各个阶段的代表作品如《博士论文》《神圣家族》《德意志意识形态》以及马克思晚年的《人类笔记》等著作中的生态思想就更有待于进一步地被精心研究。而对于其他马克思主义者或者说坚持马克思主义生态理论立场的思想家所有可能的著作或作品，所带来的关注较少。

（2）研究的理论指向：对马克思恩格斯生态思想现代意义的揭示

针对马克思主义者生态思想相关文本的挖掘，都有共同的理论指向即当前中国的现代化建设现实。对马克思主义生态理论当代意义的阐发就是寻求马克思恩格斯生态观与当代绿色发展和人与自然和谐共生现代化建设的目标相契合。大量的著作、论文从生态哲学的高度来揭示马克思主义生态思想对于新世纪人类社会和谐发展的指导意义，关注人类的前途，着眼点在于人类社会的未来。国内绝大多数学者认为，马克思恩格斯生态思想的遗产，对于启发当代人类解决生态危机的思路，具有重大的指导意义。

学者解保军的《马克思自然观的生态哲学意蕴——“红”与“绿”结合的理论先声》和学者张秀芹的《关于马克思生态哲学思想的几个问题》等都在对马克思恩格斯生态思想进行文本挖掘的基础上，对马克思恩格斯生态思想的当代意义进行了深刻冷静的思考。他们指出马克思关于人对自然的合理调节、人与自然的协调发展、人在自然的发展中获得发展的思想为我们解决生态环境问题奠定了哲学基础，马克思有关生态哲学的思想对我们遵循自然规律办事、保持人与自然的和谐具有直接的指导功能。他们主张，“马克思以及恩格斯详尽分析了近代资本主义社会中生态环境污染的原因和状况，剖析了生态环境污染的各种根源，探讨了保持生态环境平衡的途径，这对我们认识并借以避免生态环境灾难和问题都是非常有帮助的”①。

学者余谋昌先生所著的《生态哲学》尽管没有从正面阐述马克思恩格斯的生态思想，但是他把生态哲学看作是“后现代的哲学世界观”，并且从哲学转向和实践转向两个方面展开了对生态哲学现代意义的讨论，始终都在坚持马克思主义的理论、观点和方法。学者任春晓所著的《环境哲学新论》也将生态问题作为哲学问题提出来，并且在马克思主义哲学的视野中，试图在存在论基础上对现代性的前提和界限进行批判性的澄清，对环境问题进行深刻的哲学反思。学者叶峻则更早地把马克思恩格斯人与自然和谐统一的观念贯彻到对当前社会发展的探索之中。其著作《社会生态学与协同发展论》把协同发展作为可持续发展的核心精神，在人与自然、人与社会以及经济文化等各个领域都作了充分的展开，表达了编者对可持续发展的清醒理解。

也有很多学者关于绿色发展和人与自然和谐共生的著作，都或多或少地论及了马克思主义生态理论的当代意义。他们大多从文本出发，在马克思恩格斯人与自然和谐发展的追求中挖掘出人与自然和谐共生的思想资源，试图在马克思恩格斯的生态思想内涵与当代中国发展之间寻求沟通的桥梁，尤其注重马克思恩格斯关于人与自然关系的真切立场，以谋求为当前实现绿色发展和促进人与自然和谐共生现代化提供可资参考的借鉴。然而，所有这些努力对于建成中国特色社会主义生态文明社会的宏大目标来说都是初步工作，都只是提供了一种思考问题的方向，还缺少明确的针对性。当前，生态问题已经成为现代社会的内在要求，人与自然和谐相处是实现新型现代化的应有之义。生态文明社会并非简单模糊的概念，而是有着明确内涵和具体指向的宏伟蓝图。实现这一目标需要从细节处入手，从点滴做起，通过积小流而成江海。所以，在思想理论层面上探讨马克思主义生态理论与中国特色社会主义生态文明社会之间的渊源也必须具有直接

① 张秀芹.关于马克思生态哲学思想的几个问题[J].青海社会科学,2004(1):71.

针对性。

（3）研究的理论借鉴：对生态马克思主义的介绍和研究

为了实现绿色发展，实现人与自然和谐共生的新型现代化，就需要积极考察马克思主义生态理论在西方的传播和影响。所以，围绕对马克思主义生态思想在西方影响的探索，尤其是对生态马克思主义包括生态社会主义的引进和研究也成为马克思主义研究的一道景观，在这之中涌现出了一大批成果，取得了喜人的成绩。由于生态马克思主义与生态社会主义存在诸多相通之处，所以国内有人直接把二者等同起来，不作区分。但是复旦大学陈学明则对此作了明确区分，他认为“生态社会主义与生态学的马克思主义不是同一个概念，前者包含后者，但并不等于后者。在生态社会主义阵营中，唯有那些带有强烈的马克思主义倾向的人才是生态学的马克思主义者。而在生态社会主义阵营中，除了一些马克思主义者之外，还有一些其他的生态理论家，如社会民主主义者”①。尽管如此，生态社会主义与生态马克思主义在根本思想和基本原则上还是一致的。生态马克思主义试图用马克思主义观点分析生态危机、探讨解决生态危机的途径，并用生态学观点对马克思主义进行补充、重建和超越。而生态社会主义认为资本主义制度是造成全球生态危机的根本原因，生态危机成为转移经济危机的新手段，环境问题的本质是社会公平问题。他们强调人类必须用生态理性取代经济理性去构建一个经济效率、社会公正、生态和谐相统一的未来新型社会。由于二者所主张的解决生态问题的做法对于当前中国社会发展实践具有一定的可借鉴意义而受到了国内学者的高度关注。其主要代表人物有加拿大的莱易斯、阿格尔，美国的奥康纳、福斯特，以及法国的高兹，英国的佩珀等人。因此，国内学界对上述人物观点的翻译介绍和整理成了目前的主要相关成果。迄今为止，被国内学者关注的著作包括莱易斯著的《自然的控制》和《满足的极限》、阿格尔著的《论幸福的生活》和《西方马克思主义概论》、克沃尔著的《自然的敌人》、奥康纳著的《自然的理由：生态马克思主义研究》、福斯特著的《马克思的生态学：唯物主义与

① 陈学明.时代的困境与不屈的探索[M].哈尔滨：黑龙江大学出版社，2007：269.

自然》、伯克特著的《马克思和自然：一种红绿观点》等。关注的成果主要体现在国内1995年以后出版的关于西方马克思主义的著作中。学者俞吾金、陈学明在《国外马克思主义哲学流派新编·西方马克思主义卷》中对生态马克思主义作为西方马克思主义重要的新流派给予了高度的重视，并对高兹的四部著作《劳动分工的批判》《生态学和政治》《经济理性批判》《资本主义、社会主义和生态学》，以及阿格尔的《西方马克思主义概论》、莱易斯的《自然的控制》《满足的极限》、佩珀的《生态社会主义：从深层生态学到社会主义》等著作作了详细介绍和分析。学者王雨辰在《当代西方马克思主义哲学研究》中也把生态马克思主义作为重要的一章，对生态马克思主义观点加以介绍并作了客观深刻的点评。他的另外一部力作《哲学与文化价值批判：解读当代西方马克思主义》则把生态马克思主义的阐释放在了文化批判的视野内，认为西方马克思主义理论家们从制度上寻找生态危机等现实问题产生的根源，为解决人类生态危机等社会问题贡献了一种可能具有极大价值的方案。学者刘仁胜的《生态马克思主义概论》重点介绍了生态马克思主义的五种经典理论成果，是国内第一本系统研究生态马克思主义的论著。学者徐艳梅的《生态学马克思主义研究》从总体上对生态马克思主义的定义域、逻辑前提、哲学方法论基础及其核心观点进行了分析。学者郭剑仁的《生态地批判：福斯特的生态学马克思主义思想研究》分析了福斯特对生态马克思主义的贡献。

学者周穗明、何萍川、王雨辰、刘仁胜、曾文婷、陈食霖、黄炎平和金雪芬等则发表多篇相关论文。他们的主要关注点仍然是欧洲和北美的生态马克思主义理论家的相关理论贡献，探讨了西方马克思主义视域中的马克思主义与生态学之间的关系，对生态马克思主义作了不同程度的探讨。另外还有许多学者也在细节上下了功夫，分别对奥康纳、莱易斯、阿格尔、高兹、佩珀等人的思想作了更进一步的深入研究。这些成果表明了马克思主义生态理论在西方的强大影响力，为当前国内马克思主义生态学研究提供了启发和借鉴。

然而，这样的研究毕竟还处在介绍和整理西方资料的阶段上，还有待于进一步的理论创新。更重要的是，我们在介绍和整理西方马克思主义生态哲学思想的时候要充分地运用分析批判的视角，更好地借鉴有利于我们构建人与自然和谐共生社会的合理的理论因素，取其精华，去其糟粕。而且马克思恩格斯生态观在国际上的影响范围是广泛的，因此仅仅探讨欧美的生态马克思主义是不够的。党的二十大提出要全面建设社会主义现代化国家，其中生态维度是其关键环节，为此这些问题的研究对于发展马克思主义哲学和廓清中国式生态现代化道路是极有必要的，对国内学者来说都是任重道远之事。

三、研究思路、方法和创新点

（一）研究思路

本书立足于生态视角，针对马克思主义理论文本展开相关研究，其思路是通过对19世纪到21世纪这一历史进程中马克思主义生态理论在思想发展脉络与实践轨迹的探寻，揭示其演进的主要理路，进而探究其未来趋向和对当代中国的教育启示。其中，通过对马克思恩格斯以及列宁等人的经典文本挖掘，尝试对马克思恩格斯生态理论的历史演进线索进行勾画，始终坚持时间线索与逻辑线索相统一，时间跨度从19世纪到21世纪，历经资本主义从自由资本主义时期到垄断资本主义时期，再到当代新帝国主义时期，同时坚持马克思主义对资本主义批判这一进路，进而梳理马克思主义生态理论在西方以及中国的发展实践，由此揭示和探寻马克思主义生态理论的未来趋向。本书研究力求相对系统、全面再现马克思主义生态理论的主要演进脉络，揭示马克思主义生态理论在当代的主要特征和未来趋向，推进马克思主义生态理论研究的不断深入，丰富和发展马克思主义理论建设工程内涵。

（二）研究方法

本书将采用如下的研究方法。

第一，历史与逻辑相统一。对马克思主义生态理论的研究，涉及对马克思主义生态理论的发生、基本思想的演进以及主要特征的梳理阐述，其中既有历史脉络的纵向梳理，又有理论架构的逻辑分析，展现出理论系统性与思想开放性的结合，契合马克思主义学科研究方法中历史与逻辑相统一的要求。

第二，文本分析法。忠于文本有助于增强论断的客观性。梳理马克思恩格斯等在不同历史时期关于生态问题的论断，梳理他们关于马克思主义生态理论的相关阐述，来审视马克思主义生态理论的演进历程、带来的影响以及未来趋向，就会使得相应的结论与判断遵循严谨原则。事实证明，有源可寻才会带来有理有据的说服力，这是文本研究的关键。从某种程度上看，本书属于马克思主义生态思想的发展史研究范围。由此，文本研究的重要性更为明显。

第三，比较分析法。本书针对马克思主义生态理论及其影响的议题，围绕马克思主义生态理论与苏联马克思主义生态理论、中国化马克思主义生态理论、西方马克思主义生态理论等进行对比分析。发掘差异并非选题目的，更重要的是借助对比与差异把握彼此关联，如此，才能深刻揭示马克思主义生态理论的演进历程中各种承继与创新之处的落脚点。

第四，理论与实践相统一。虽然选题关涉马克思主义思想史研究范围，但并非只为寻求历史渊源而做，以史为鉴更合初衷。本书探究当代马克思主义生态理论的未来趋向，期冀寻觅生态危机的破解之道与生态文明社会的构建之策。人类社会的向前发展需要深入反思，以促成其在实践中更为充分的理性成长。因此，如何推动更适合人类福祉的现代化建设，马克思主义生态理论亟待在理论与实践结合的道路上，不断获得新突破。

（三）主要创新点

本书立足既往的研究成就，尝试进行拓展性的提升，以期达到如下的研究创新。

第一，全面追溯马克思主义生态理论的历史演进，对马克思恩格斯尤其是列宁等在各历史时期的生态思想作力所能及的发掘，实现探本溯源。

第二，从马克思主义生态理论与苏联马克思主义生态理论、中国化马克思主义生态理论、西方马克思主义生态理论的比较分析中，揭示马克思恩格斯生态理论的历史影响和时代价值。

第三，探寻和揭示马克思主义生态理论的当代境遇，尤其是在坚持对资本主义的深刻批判逻辑上，不断彰显问题具体化和批判深刻化的表现，逐渐关注科技文明、气候变化、能源政治等新变化可能引发的马克思主义生态理论新趋向。

第一章　马克思主义生态理论产生的社会背景和思想溯源

第一节　马克思主义生态理论产生的社会背景

时代背景是任何社会运动产生的土壤，更是重大理论形成与勃发的基础前提。马克思主义生态理论作为人类对于自然生态认知的重要思想成果，其生成过程有着深刻的社会背景。

一、自然生态环境的污染日益严重

人类文明尤其是现代文明的主要舞台是以欧美为代表的西方社会为背景的，自工业革命以来，巨大的生产力提升步伐与前所未有的思想流变均肇始于西方世界。不容置疑的是，人类社会的面貌发生了翻天覆地的变化，天堑变通途与富饶的生活生产用品堆积如山，人们的生活质量与对自然的支配能力也与日俱增。在庆幸人类文明伟大成就之时，一些有识之士依旧保持清醒的头脑，提出了发人深省的哲思之语。正如世界著名未来学家阿尔温·托夫勒（Alvin Toffler）所说的，“可以毫不夸张地说，从来没有任何一个文明，能够创造出这种手段，能够不仅摧毁一个城市，而且可以毁灭整个地球”①。自然生态环境污染问题始发于近代工业革命背景下的欧洲国家，在马克思恩格斯生活的时代，自然生态环境问题已经逐步伴随着大机器生产对自然生态的侵入，日益凸显。英国以及德国等作为当时工业化发展迅速的国家代表，河流污染、大气污染等问题尤甚。

（一）河流污染问题突出

以当时的工业革命领头羊英国为例，其工业化水平迅猛发展，城市化进程不断加快，但同时，人类生产生活污水以及大量的污染物无节制地向河流排放，河流污染加剧。泰晤士河作为伦敦的主要水源之一，以往的水产品产量高，尤其是鲑鱼享誉国内外，然而19世纪以来，工业和生活污染物带来的河流污染已使得水产品日益减产甚至消失殆尽，鱼虾等也日渐绝迹。“在工业革命以后，污染逐渐窒息了泰晤士河，河的水质迅速恶化，病菌滋生，乃至鱼类绝迹。”②对此情形，学者有着相对客观的研究记录，被污染的河流带来的不仅是生活生产用水的安全问题，而且还开始对人们的城市生活环境产生更为可怕的影响。这里面既有人类生存环境与河流等自然环境之间边界日益模糊，人类生产生活的范围日渐扩张的缘故，同时也有被污染河流的小地域气候和污染源不断扩大的影响，事实上，这样的结果并非人类的初衷，也绝非一次简单的意外，而是有着更为直接的因果关联。“据记载，由于泰晤士河水太脏，1832—1886年，伦敦就曾4次霍乱流行，仅1849年一次就死亡14000人。在一段长达25英里的河域，一年中有9个月河水不含氧气。而且，河水的污染也‘搞臭’了伦敦，夏日炎炎，奇臭难耐。”③更多数据显示，19世纪四五十年代，不仅泰晤士河，英国国内的其他河流也开始出现三文鱼等多种鱼类数量减少以至于最终绝迹的现象。这一系列变化引发英国社会的广泛关注，生产生活水源的分类开始提

① 阿尔温·托夫勒.第三次浪潮[M].朱志焱，潘琪，张焱，译.北京：生活·读书·新知三联书店，1984：187.

② 梅雪芹.19世纪英国城市的环境问题初探[J].辽宁师范大学学报（社会科学版），2000（3）：106.

③ 梅雪芹.19世纪英国城市的环境问题初探[J].辽宁师范大学学报（社会科学版），2000（3）：106.

上日程，着手修建下水道成为当时的重要举措之一。即便如此，在1850年后期着手进行下水道改造之前，每天仍然大约有250吨排泄物进入泰晤士河[①]。可想而知，当时的实际情况非常糟糕，河流等自然资源负载过重，工业种类还在不断扩张，人口数量依旧急剧上升，污水排放问题仍未能得到根本性解决。当时英国诸多工厂都建在河流及港口附近，它们流经的人口众多、工业发达的地区，往往都会受到不同程度的污染。例如当时皇家委员会成员、化学家王尔德爵士在致枢密院的报告中称，流经曼彻斯特的艾尔河的水温比空气温度还高出许多，河边附近臭气熏天。恩格斯在提到艾尔河时也专门写道，"这条河像一切流经工业城市的河流一样，流入城市时是清澈见底的，而在城市另一端流出的时候却又黑又臭，被各式各样的脏东西弄得污浊不堪了"[②]。

这一问题并非只是出现在英国，其他受到工业革命影响的国家和地区也不同程度地出现类似环境问题。在19世纪末到20世纪初，德国的主要工业区附近基本都出现了河流严重污染的情况，这其中大多是因铅氧化物和铁含量超标的污染物大肆被排放到河中，导致动植物死亡甚至灭绝从而带来一系列的生物多样性损失，在科学意义上，上述损害是不可逆的甚至是无法挽回的。当时德国的工业化造成莱茵河中鲟鱼和鲑鱼的大量消亡，直至后期政府才开始有意识地对此采取应对措施。然而到19世纪末和20世纪初，"由于数量的减少，明显地受到限制，到1920年就完全禁止了捕鲟鱼。鲑鱼的捕捞也遭遇了同样的命运，于1955年完全终止了"[③]。当时的历史记载完整真实地反映出这一变化的全过程。

（二）大气污染问题加剧

工业革命的快速发展离不开作为主要能源之一的煤炭，它为前者输送

① 转引自梅雪芹.英国环境史上沉重的一页——泰晤士河三文鱼的消失及其教训[J].南京大学学报(哲学·人文科学·社会科学版),2013(6):23.

② 马克思恩格斯全集:第2卷[M].北京:人民出版社,1957:320.

③ 梅雪芹.工业革命以来西方主要国家环境污染与治理的历史考察[J].世界历史,2000(6):21.

了大量的动力供给，但同时带来的空气污染等环境破坏尤甚。生产使用煤炭，生活中大量燃煤更是加剧了大气污染的范围与危害。诚然，煤炭对于工业革命中的英国而言，为其经济社会发展繁荣和技术革新做出了无可替代的贡献，可是随之而来的环境污染尤其是大气环境的破坏，也使得煤炭饱受争议。使用煤炭燃料使英国许多城市笼罩在黑色烟雾中，空气浑浊不堪，导致呼吸道疾病大量出现。伦敦“雾都”的来历更是与煤炭引发的空气污染密切相关，从1813年英国最早有空气污染的案例记录开始，直至19世纪末，英国大气污染情况不见好转甚至愈演愈烈，日益严重。尤其是在1879年12月，浓重的烟雾使得伦敦街道上可见度急剧下降，行人只能靠摸索建筑物外墙前行。直至次年2月雾霾都未减轻。当时美国《纽约时报》报道称伦敦正经历了“一个星期的黑夜”。同时，伦敦市民的非正常死亡数量也在这次毒雾事件中急剧上升。

尽管人们已经意识到这一危害并尝试寻找解决办法，但利润增长带来了红利和工业、企业以及人口的飞速增加，大气污染问题严重程度是有增无减，由此带来呼吸疾病，鲜见的其他并发疾病也逐渐肆虐起来。大气污染导致的上述情形也逐渐在欧洲其他国家和地区长期出现，而且同样难以根本解决。

事实上，英国的状况并非个案。德国作为欧洲工业强国，环境污染的状况在19世纪末20世纪初陷入极度糟糕的境地。天空布满灰色阴霾，空气中烟雾持续蔓延，大量植被遭到烟雾的熏杀，人们晾晒的衣物也充斥着煤烟的味道，甚至挂满了黑色的煤炭粉末。进入19世纪七八十年代后，德国的工业迎来疯狂扩张的新高潮，但是同时，鲁尔工业区的环境质量却面临着更为严重的恶化趋势。“1883年普鲁士的一份报告显示，莱茵—鲁尔地区的制锌厂危害范围可达一公里远；在多特蒙德，每年有大概6250吨二氧化硫被排入大气。1884年时，杜塞尔多夫每天燃烧105吨煤炭，由此而产生3.7吨二氧化硫。”[①]1912年杜塞尔多夫当局的调查表明，在工业聚集的

① 岳伟.1949—1962年的鲁尔大气保护运动及其对联邦德国环境治理的影响[J].历史教学问题，2016(5):30.

北鲁尔地区，大气污染已到了难以忍受的程度。这些数据表明，欧洲国家当时的环境危机形势较为严峻。应该说，在这一切的生态灾难背后，工业革命带来的煤炭能源的大肆使用是无法推卸责任的。急剧扩张的资本主义社会无法清醒认识到自然生态环境的代价，只是一味地追逐剩余价值的生产与资本的增殖效应。而这些都被当时的马克思、恩格斯等人深刻地纳入了思考视野。

自然生态环境的巨大破坏是工业革命加剧这一趋势的后果，无论是英美还是德国，都毫无例外，均受到自然生态环境破坏的影响。这些具体问题无论是河流污染、大气污染还是其他性质的生态问题，都进一步成为马克思主义生态理论的时代背景，被马克思、恩格斯等人在其思想中予以积极关注，甚至说对他们今后进行深刻的政治经济学研究，开展资本主义批判都提供了重要的思考空间。

二、农业生产中新陈代谢断裂突出

农业发展在工业革命过程中受益颇多，但同时，物质能量代谢循环过程中出现的一系列问题也逐步显现，甚至一度成为制约农业生产的重要因素。简单来说，资本主义农业生产在资本增值逻辑影响下出现了新陈代谢断裂的迹象，这成为马克思主义生态理论产生的重要社会背景之一。一方面，马克思敏锐关注到了农业生产中出现新陈代谢断裂①的现象，在他之前也有不少学者已经展开了相关研究，而马克思则是进行了更为深刻的系统整理与发掘。另一方面，农业中新陈代谢断裂现象是资本主义带来生态危机的重要表现之一，也是马克思主义生态理论不断形成和发展的关键议题。

① “新陈代谢”（metabolism）一词，在《马克思恩格斯全集》中分别译为“新陈代谢”和“物质变换”。在福斯特著作 *MARX'S ECOLOGY*：*materialism and nature* 的中译本《马克思的生态学：唯物主义与自然》一书中，统译为“新陈代谢”。本书采用中译本的译法，将 metabolism 译为“新陈代谢”，而“metabolism rift”统译为“新陈代谢的断裂”。但是，在引用《马克思恩格斯全集》中的相关论述时，则完全按照全集中的原文引用，不论是被译为“新陈代谢”还是“物质变换”，都不作改动。

(一)农业生产中新陈代谢断裂的由来

据北美生态马克思主义学者约翰·贝拉米·福斯特(John Bellamy Foster)考证,“新陈代谢”(德语:Stoffwechsel,英语:Metabolism)最早由德国化学家希格瓦特(G.C.Sigwant)于1815年提出,并被生理学家们从19世纪三四十年代开始广泛采用,这一概念最初用来表示“身体内与呼吸有关的物质交换”。德国农业化学家尤斯图斯·冯·李比希(Justus von Liebig)在1840年出版的《有机化学在农业和生理学中的应用》(简称《农业化学》)和1842年出版的《动物化学或者有机化学在生理学和病理学中的应用》两部书中对这个概念进行了更加广泛的应用,他在有机体组织退化的背景中引用了新陈代谢过程这一观念,自此,这一概念在生物化学中就既用于细胞水平上,也用于整个有机体的分析中。在李比希之后,新陈代谢概念就成为研究有机体与它们所处环境之间相互作用的关键范畴,新陈代谢有机体从它所处的环境中吸取物质和能量,这样就实现了有机生命体与无机生命体之间的物质联系。特别是当李比希把关注重点转向对资本主义农业的批判后,结合他的“返还原则”思想,新陈代谢就具有了分析土壤肥力贫瘠原因的力量,使研究人类社会与自然界之间的新陈代谢关系成为可能。因为作为高级生命体集合的社会为了支撑其生命,必然要从有机或者无机的自然界中获取物质与能量,即要进行物质交换,而这种物质交换就构成了新陈代谢的社会形式。

资本主义农业带来的新陈代谢断裂是资本增值的产物。农业中新陈代谢断裂现象的出现是当时资本主义生产力发展的后果之一,工业革命带来的生产力飞速发展在农业上也带来了极大的变化。机器运用于农业生产越来越普及,农作物产量得到前所未有的提高,对土壤肥力恢复周期要求越来越短,同时,不断增加的人口压力也给农业生产带来更多需求,这更加刺激了对农作物产量提升的直接需要。为此,农业生产只有拼命地扩张规模,同时又只能给予土地肥力休耕更短暂的时间,一年多次耕作和不断开拓荒地也成为当时的应急之策。这些客观压力带来的后果就是土地肥力无法得到及时恢复，土壤贫瘠成为当时制约农业生产的一大关键性因素。为解决这一问题，农业资本家绞尽脑汁，想方设法寻找肥料施加到土地上。当时欧洲的农场主们为获取肥料挖光了拿破仑和对手留在滑铁卢以及奥斯德立兹战场上所有的骨头，而从秘鲁进口到英国的鸟粪从1841年的1700吨激增到1847年的22万吨。可这些对处于上升期的资本主义农业生产而言无异于杯水车薪，为此他们亟待开发出一种人工制造的且产量和成本可控的有机肥料。面对这一问题，当时李比希等关于土壤化学的一系列研究成果及相关推广，为资本主义农业生产缓解土壤肥力不足提供了暂时有效的方案。资本主义农业对增加土壤肥力的需求促使英国科学促进会于1837年委托李比希研究农业与化学之间的关系。1840年李比希第一次对土壤的营养物质，比如氮、磷、钾在植物生长过程中的作用提供了令人信服的说明。但是，当时合成化肥的新技术发展较慢，一些单一肥料（如磷酸盐）的使用虽然能够产生功效，但使用效果却会伴随着用量加大而趋于减弱。尽管如此，李比希《农业化学》的出版还是成了资本主义农业的救星。随着英格兰农学家J. B .劳斯在1842年制造出可溶性磷酸盐后，合成肥料工业逐渐发展起来，并促进了第二次农业革命的展开。

农业中新陈代谢断裂与城市之间的生态机制问题成为近代资本主义生态危机的重要原因。实现“返还原则”才符合农业新陈代谢守恒的规律，但事实上，资本主义农业越发达，带来的新陈代谢断裂愈发严重。人畜的粪便等代谢物无法充分返回到土地中去，而农田土壤的肥料衰竭问题只能愈来愈依靠人工肥力的滋养，从化学成分而言，人工肥力虽然在一定程度上契合了基本需要，但是其关键性元素含量和种类依旧是匮乏的，长此以往土壤板结、肥力流失甚至不适宜耕种，最终导致良田丧失、甚至沙化被迫弃耕。虽然李比希的研究推动了第二次农业革命的开展，但是在19世纪50年代末和60年代初，他的工作却转向了对资本主义发展进行强烈的生态批判。

（二）农业中新陈代谢断裂问题为马克思主义生态理论提供了重要研究背景

新陈代谢断裂概念在马克思的著作中有着浓郁的生态批判意蕴，如果说这一来自自然科学的词汇更直接鲜明反映出人与自然之间客观能量循环规律的话，那么马克思则进一步将新陈代谢断裂的内涵丰富化，不仅仅局限于农业生产中的新陈代谢现象，甚至更为深刻地揭示出其背后的政治经济学意蕴，更为广泛地发掘出其生态理论的世界意义与价值。但不容忽视的是，农业生产中新陈代谢断裂现象的加剧，为马克思解释人类劳动和环境之间关系创造了研究视域。由此，马克思也根据这一背景，深刻地认识到了资本主义社会的生产对自然以及社会之间物质能量循环的割裂，新陈代谢断裂的概念也由此成为马克思对资本主义进行生态批判的核心元素。

首先，马克思对于农业生产中新陈代谢断裂的问题进行揭示，积极关注到其背后的自然客观规律到社会发展规律的转变。认识到“返还原则”无法实现的根本问题在于资本主义私有制。马克思主义生态理论正是对这一现象背后进行深入发掘，才有效深刻地揭示出生态危机背后的根源并非只是能量代谢，而是资本主义增殖逻辑。著名生态社会学家卢那察尔斯基（V.Lunacharskii）曾说过，正是马克思和恩格斯将“新陈代谢”这一术语应用于社会之中的。在《资本论》中当马克思说“劳动首先是人和自然之间的过程，是人自身的活动来引起、调整和控制人和自然之间的物质变换的过程”时，其实质已经表明人与自然之间的一种相互影响的关系。也正是对新陈代谢概念的引入，马克思就以劳动为基础把自然、人与社会三者联结成一个有机的整体，从而为他分析资本主义工农业生产对“人的自然力”和“土地的自然力”的破坏，并进而揭露资本主义工农业生产方式的破坏性本质，发展其思想中的生态学向度提供了理论依据和特定的落脚点。

其次，马克思对农业生产中新陈代谢断裂问题的关注，开始从农业领域拓展到整个资本主义生产体系，并逐步揭示其背后的劳动与地租之间的客观规律。一方面是雇佣劳动的出现，迫使劳动者与劳动资料之间脱离与分割。19世纪50年代后，随着对资本主义制度研究的深入，马克思对新陈代谢断裂的理解开始从对土地营养流失的关注转移到对这一外在表现的内在原因的分析。马克思认识到，资本主义社会是社会人口极端分化、人与土地极端分离的社会，而导致物种分化与分离的根本原因在于资本主义的生产方式和大土地所有制①。另一方面，福斯特指出，马克思在使用新陈代谢断裂对资本主义进行生态批判时，并未局限于一地或某一领域。马克思虽然将批判重点放在土壤养分循环的断裂和城乡之间关系的对立上，但他考虑的是在全球视野内阐述新陈代谢断裂这一主题。在马克思眼中，新陈代谢断裂的事实是发生于整个资本主义世界的普遍性存在。马克思在《资本论》中以这样的思路阐述道，由于大规模农业生产的需要，英国土地的肥力很快就被耗竭了，这就需要大量的鸟粪对英国田地施肥，而大量的鸟粪只能来自更为遥远的国家，对别国肥料掠夺的行径已经证明新陈代谢断裂突破了国家边界。至此，我们发现，资本主义以追求利润为导向的大工业与大农业生产导致了人类社会与自然界之间物质交换的单向流动，打破了物质交换的循环，使自然物质以商品和废弃物的形式存在于人类社会，不能及时归还给自然界。这种情况导致了自然本身的异化，使自然成为被不断“掠夺”的对象；同时这也造成了人类社会的异化。马克思认识到，对“农业生产者”即农民和对“土地的剥夺”的历史过程和资本主义农场主以及工业资本家的产生是同步进行的，资本主义生产体系自形成的那一刻起，它所追求的是尽可能多的利润，而由此牺牲掉的才是人类真正的需求，由此导致了触目惊心的新陈代谢断裂，马克思由此得出结论，这是出现全球范围土壤肥力损耗的真正原因。

最后，马克思对农业生产中新陈代谢断裂问题的深刻认识，为进一步拓展共产主义社会的生态规律提供了重要空间。李比希使用新陈代谢断裂这一概念，他认为社会的新陈代谢是一种相互依存的过程，但是这一过程已经不可挽回地断裂了，这就使得土壤肥力恢复所需要的条件被不断地切

① 马克思恩格斯全集：第23卷[M].北京：人民出版社，1972：201-202.

断，从而使新陈代谢的循环被打破。马克思关于新陈代谢断裂的思想主要体现在《资本论》的相关论述中，其中有两处论述最为经典。在第一卷“大规模农业和工业”一节中，马克思以新陈代谢断裂批判了资本主义生产体系下的大规模农业，而在第三卷“资本主义地租的生产”一节中，马克思论述了新陈代谢断裂所导致的土地肥力的衰竭。从中可以看出马克思关注到了“人与土地之间的物质交换”的“断裂”这个资本主义现实。在资本主义生产条件下，“由生命本身的自然规律所决定的社会新陈代谢”，因为对土壤构成成分的掠夺，需要被系统性地恢复，这种断裂或者说矛盾是在资本主义生产条件下，通过特定的大规模工业和大规模农业的同时增长而发展起来的，前者为后者提供了加强土地剥削的手段。

依据福斯特的观点，马克思向我们表明正是通过新陈代谢断裂理论佐证，真正的可持续社会的形成只能是共产主义。福斯特认为，在马克思的共产主义设想中，以新陈代谢恢复为主要特征的可持续发展是要消除人的异化和社会的异化，而这却要以自然异化的消除为前提。如他所分析的，“因此，在资本主义社会内部进行变革，不但要推翻资本主义对工人及其劳动的压迫与剥削，同时还要推翻——通过使用现代科学和工业方法以合理地调整人类和自然之间的新陈代谢关系——它对土地的异化。只有这样，马克思所经常号召的废除雇佣劳动才有意义”①。

三、工人对生存环境诉求不断高涨

伴随着工业化进程加快，越来越多的农业人口涌进城市，城市获得前所未有的扩张机遇，而城镇化带来的是生产生活环境的相对紧张甚至是日渐恶劣。欧洲国家工业化发展的历史真实地反映了这一规律性，工人运动当时此起彼伏，直接原因就是无法承受当时愈来愈糟糕的生存环境，这其中包括人口膨胀带来的城市生活资源的匮乏，也包括生产生活条件日益恶

①约翰·贝拉米·福斯特.马克思的生态学:唯物主义与自然[M].刘仁胜，肖峰，译.北京:高等教育出版社，2006:196.

化，由此形成的工人运动对生存环境诉求不断高涨的斗争态势。

（一）人口激增带来生活资源匮乏

工业化发展势必会加快城市化的进程，而生产力的提高也使得欧洲主要国家人口激增，尤其城市人口呈现爆发式增长的特征。在1800年后的50年里，英国人口激增一倍。生活环境恶化直接反映在公共卫生条件上。城市人口的急剧膨胀则导致城市公共卫生的恶化。在当时，经常会看到这样的现象，英国的城市街道上垃圾遍地，住房和下水道也沉积着含有粪便的脏水。这是工业革命时期的真实写照。那时在城市中还形成了贫民区，居住者主要是工人，在这个贫民区里到处都是脏水洼，堆积如山的垃圾释放出难闻的气味，使得原来就黑烟笼罩的空气更加令人难以呼吸。工业化社会带来了经济的繁荣，但却给劳动人民带来了更加恶劣的生存环境，人口的增加不仅使得城市环境急剧恶化，住房压力也成了当时英国发展过程中不容忽视的民生问题。住房供应量难以满足快速增长的城市人口需求，因此造成两个恶果：一个是因为人口密度激增，现有的住房变得拥挤；另一个是出现了不符合居住条件的简易住房。根据当时人口普查专员的统计记录，在1800—1840年间，英国人每间住房的平均居住密度是5.6人左右，负荷严重。因此这一时期新建的房屋密度都非常大，建筑者为了获得土地的最大利益，也加剧了这一趋势，城市中出现了大批联排房屋、大杂院[①]。甚至，在有些城市里，低矮潮湿、密不透风的地下室也成了居民的住所，伦敦的贫民窟、利物浦的地下室和曼彻斯特的“背靠背”房屋更是“闻名遐迩”。这样使得原本就脏乱差的城市环境陷入一种无法解决的境地，城市环境成为令人诟病的话题。由于这种房屋通风不良且缺乏卫生设施，对健康造成严重不良影响，因此遭到来自公共卫生领域改革家们的尖锐批评。

① 李园园.试析维多利亚时期伦敦工人阶级住房问题及政府对策[D].上海：华东师范大学，2006.

（二）城市生活废弃物污染严重威胁人类身心健康

随着城市人口越来越密集，堆积着巨量人畜排泄物的粪坑也成为巨大的污染源。据统计，在1841年，伦敦市至少有三千个粪坑，由于政府在环境卫生方面毫无建树，这些粪坑成为严重的致病隐患。在1832年霍乱流行期间，伯利兹当地着手清理部分粪坑，仅一个粪坑清除出的污物就装了整整75辆马车。卫生总局的督察官在视察19世纪中叶的达灵顿时发现，“在一个院子里，有66人被迫共用1个厕所；在另一个院子里，63人共用一个厕所”①。由于这些厕所紧挨着住房的墙壁而建，污物都渗入了墙壁。这些粪便的处理方式除了尽可能多地出售给农场主之外，剩余的粪便运送至某处堆积起来，干燥的堆肥以及随之出现的粪堆聚积成山，臭不可闻，成为滋生苍蝇和寄生虫的温床，这就导致了新的问题——人们的健康受到威胁。恶臭仿佛是19世纪人口严重拥挤的城市的最典型特征，维多利亚时期城市的气味，混合着下水道、溢满的粪坑、牛舍、猪圈等多种肮脏的气味，轻则致人呕吐，重则置人于死地，由此成为威胁人类健康的毒瘤。

工业革命加速了生产，也加速了生产—消费—丢弃的循环，垃圾数量快速增长。20世纪的美国工业城市，垃圾在大街小巷堆积如山，散发着腐烂的气味，蚊蝇孳生，甚至在市中心也是如此。有人曾这样描述芝加哥：“街区堆积的垃圾堆是小孩子最先学会攀爬的东西，大一点的孩子打仗玩时，垃圾堆庞大的体积就成了壁垒，里面的东西掏出来就成了子弹，再大一点的孩子约会时就拿垃圾堆当座位，坐在上面。”②不断增长的人口产生了大量的生活垃圾。在19世纪末20世纪初的曼哈顿，清道工们每天要面对612吨的固体废弃物，在7、8月份，垃圾量能达到1100吨。许多城市，包括纽约在内，人们习以为常地将粪便用马桶泼到街上，或者直接倒入河中。人们置身于臭气熏天的陋巷里，并由此遭受来自人类所知道的一切疾病的袭击。疟疾、黄热尤其是结核，横扫这些中心地区。还有数量巨大的

① 舒丽萍.19世纪英国的城市化及公共卫生危机[J].武汉大学学报(人文科学版),2015(5):89.

② 孙云畴,王岱,符家钦,等.美国史话[M].桂林:广西师范大学出版社,2002:434-435.

工业废弃物无法得到有效处置。煤灰、工业废料、炉渣、废金属一律被倒在地上或者倾入水中。在美国，屠宰场与肉类加工厂是主要的陆地污染源。屠宰坊最初在农场上出现，然后转移并最终集中到大城市如芝加哥和圣路易斯。在1886年，单单在纽约布鲁克林地区的肉食加工业者就杀掉150多万头动物[①]。屠宰后动物的下水和残骸在街道和溪流中自行腐烂，恶臭弥漫，细菌滋生。不仅如此，城市还存在其他污染。如作为主要交通工具的马，每年都产生数量惊人的排泄物和死马。据估计，芝加哥8万多匹马每年的排泄物达60万吨，罗切斯特市的卫生官员估计，如果把该市1.5万匹马全年排泄的马粪堆放在一起，可以在一英亩大的地面上堆起一座高175英尺的小山，可以孳生苍蝇160亿只。不仅马粪污染着城市环境，马的尸体同样危害人们的健康。19世纪80年代，纽约市每年有1.1万匹马死亡，这些死去的马匹不是被掩埋起来，而是被随意丢弃在露天阴沟里，任其腐烂发臭。

与此同时，垃圾收集与处理也是一片混乱。城市还没有制定出街道清扫、垃圾收集等工作的统一方式。垃圾处理在有的城市是由市政部门管理，有的城市归私人公司负责。一般地说，大城市更倾向于由市政部门负责，小城市则会倾向于由私人公司负责。而收集后的垃圾如何处置又是更大的难题。城市垃圾成分复杂，适合于废弃食品的处置办法未必适合于处置废纸、玻璃，更不适合于处置死去的牲畜。在许多城市，清理出的垃圾只能堆放在城市中的空地形成巨大垃圾堆，或直接倾入附近的河流和湖泊，这实际上造成了污染的恶性循环。总之，这一时期城市固体废弃物污染十分严重，许多工业城市的环境面貌也因此变得肮脏不堪。

应该说，对于这些不断恶化的生产生活环境，无论是工人阶级自身，还是周围的群体都是有目共睹的，这也为马克思主义生态理论的形成提供了现实反思的土壤。

① 姜立杰.美国工业城市环境污染及其治理的历史考察（19世纪70年代—20世纪40年代）[D].长春：东北师范大学，2002.

第二节　马克思主义生态理论的思想溯源

架构思想理论的桥梁在于，深度发掘理论产生时的根源性因素与核心制约因素，马克思主义生态理论是在马克思主义理论视域中关涉生态问题的根本立场，它承接西方自然观中的生态思想，积极关注现代自然科学的进展变化，并始终坚持马克思主义批判方法，吸收借鉴和充分发展空想社会主义理论中的资本批判思想，由此形成更为丰富厚重的思想溯源。

一、西方自然观中的生态思想

作为宇宙万物之灵的人类自诞生之日起，就已经直面自己的安身立命场地——生存环境。也正是因为这样，不断追求进步的人类为了更好地认识和利用自然而屡次试图揭开自然的神秘面纱。应该说，不论是古希腊时期还是近代工业革命时期，先贤们都未曾停止对自然本原以及人与自然之间关系的深刻思考。他们经过长期的探索，先后产生了古希腊时期的古典自然思想和近代工业革命时期的机械论自然思想成果。这都为马克思主义生态理论的形成提供了有益思考前提。

（一）古希腊古典自然思想

长于思辩的古希腊哲学家们力图找到世界的本原及其一切运动、变化的规律。为此，哲学思想史上才逐渐有了泰勒斯（Thales）的“水成论”，赫拉克利特（Heraclitus）的“活火说”，阿那克西曼德（Anaximander）的“无定形论”以及毕达哥拉斯（Pythagoras）的“数论”等。从这些理论当中，我们发现古希腊的哲学家们都不约而同地将整个宇宙万物看成一个整体，体现了他们在自然观方面可贵的生态整体论思想。这些生态整体论思想与现代意义上的生态思想并不能等同，而是在哲学意义上的一系列反思，尽管是很朴素的，但是他们对后来近代机械论自然观的产生，以及马克思主义辩证唯物主义思想和唯物史观的出现都奠定了重要基础。

赫拉克利特是古希腊继泰勒斯之后哲学史上出现的一位作出划时代贡献的哲学家。恩格斯曾对赫拉克利特所创立的辩证法的自然观给予高度的评价，他说："当我们通过思维来考察自然界或人类历史或我们自己的精神活动的时候，首先呈现在我们眼前的，是一幅由种种联系和相互作用无穷无尽地交织起来的画面，其中没有任何东西是不动的和不变的，而是一切都在运动、变化、生成和消逝。这种原始的、素朴的、但实质上正确的世界观是古希腊哲学的世界观，而且是由赫拉克利特最先明白地表述出来的：一切都存在而又不存在，因为一切都在流动，都在不断地变化，不断地生成和消逝。"①从恩格斯的这段评论我们可以看出，恩格斯一方面看到了赫拉克利特自然观的整体性。赫拉克利特认为世界万物的本原都可以归结为永恒的活火。同时，更为关键的是，恩格斯也看到了赫拉克利特自然观当中凸显的辩证因素。万物皆流，无物常驻。这是赫拉克利特的辩证法当中最重要的观点之一。他的著名命题——"人不能两次踏进同一条河流"使他成为哲学史上第一个用朴素的语言表达深刻的辩证法思想的人。由此出发，赫拉克利特还进一步阐发了其有关对立统一规律的思想，认为宇宙万物的运动和变化，归根到底都是依照规律而进行的。这个规律就是对立统一规律，就是"一切是一"的规律。一切事物都由一个本原而生，都是由相反的事物造成的和谐。他的对立统一规律最终解释了自然万物之所以生生不息却又归于和谐的根本原因。

阿那克西曼德作为泰勒斯的学生，面对纷繁芜杂的宇宙万物也试图找出一种统一不变的物质始基，将"实在"本体从个别推向一般，从具体推向抽象，从有形推向无形，从有规定性推向无规定性。为此，他提出了"无定形"的概念，来解释和说明这个实在而又杂多的宇宙。他的"无定形"理论实质上是在泰勒斯扬弃了水的个别性和具体性而得出了水的一般概念的基础上，进一步对水、火、气、土等具体元素进行抽象和扬弃的结

① 马克思恩格斯选集：第3卷[M].北京：人民出版社，2012：395.

果。扬弃虽然是对具体元素的抽象，但是并没有否定作为最抽象的元素——“无定形”的物质性。当然，也就更没有否定整个宇宙的物质实在性。正是从这个意义上，我们丝毫也不能否认阿那克西曼德“无定形”理论所体现出来的朴素的唯物主义自然观。更难能可贵的是，从“无定形”理论当中还可以体会到古希腊人在神秘的大自然面前所流露出来的敬畏感，这种敬畏感在当时是基于人类对于自然的了解程度，基于人类自身的知识水平以及改造自然的实践能力，应该说对于马克思主义生态理论而言，保持对大自然的敬畏之心是殊途同归的。

古希腊著名哲学家柏拉图（Plateau）对于自然万物的始基也有着自己的独特认知，这个世界究竟是怎样从非存在中创造出存在的，从“无”中创造出“有”的，从混沌的始基中创造出丰富多彩的现实的世界的呢？柏拉图在他的哲学中突出了理念的作用。他认为不论原始物质为何物，只有为理念所规定才能够成为具有一定形状、性质和秩序的现实存在物，是理念使本来杂乱、混沌的世界成为可以感觉、可以思想、可以表述和可以定义的世界。这样一来，理念在柏拉图那里就成为了宇宙的本原，又成了万物的创造主。或许正是因为他对理念世界与现实世界的划分，才开始有了人对外在世界的独立性认识，这是一种生态认知上的巨大进步，为人类认识自然提供了思想上的依据与现实性。对于马克思主义生态理论而言，也是一种重要的思考维度。

（二）近代机械论自然思想

自从1543年尼古拉·哥白尼（Mikołaj Kopernik）《天体运行》一书发表，科学摆脱了神学的束缚，获得了长足的发展，与科学密切相关的哲学也就随之进入了一个新的历史阶段。恰如恩格斯所谈到的那样：“甚至随着自然科学领域中每一个划时代的发现，唯物主义也必然要改变自己的形式。”①科学的发展不仅打击经院哲学，推动生产的发展，而且也使人们对自然现象的认识从总体的直观进入到对各个部分的实验研究，这样就给哲

① 马克思恩格斯选集：第4卷[M].北京：人民出版社，2012：234.

学提供一个新的自然科学基础，把唯物主义提高到了一个新的水平。但是，当时的自然科学也给哲学带来一定的局限性。首先，从科学发展状况看，当时还只是力学得到较快的发展，取得了相对完整的形态。与力学相比，其他各门科学虽然也取得一定成果，但是并不充分，这种状况使得当时的哲学自觉或不自觉地以机械力学的眼光来看待自然万物，误以为自然界中的一切都按机械力学规律运动，从而使唯物主义带上机械性。其次，从自然科学研究状况看，当时科学发展仍处在收集材料的阶段，科学家将自然现象从自然界的整个联系中抽取出来，把它们分门别类，孤立地进行研究。这种研究方法，使科学家认识了各个自然现象，从而推动了自然科学的发展，但是却使他们看不到自然现象之间的联系，从而产生了孤立、静止和形而上学的观点。

应该说这一时期对于自然的探索成果不断涌现，例如英国科学家弗朗西斯·培根（Francis Bacon）提出经验论自然思想，德国哲学家勒内·笛卡尔（Rene Descartes）主张唯理论自然思想，法国启蒙思想家朱利安·奥夫鲁瓦·德·拉美特利（Julien Offroy De La Mettrie）则以机械论自然思想而著称，这都是在探索人与自然之间关系的道路上不断前进的产物。尽管他们有人将实验的实证主义认为是人探索自然的根本路径，有人将天赋观念视为人区别于自然万物的独特之处，还有人秉持“人是机器”这样的态度立场，但都塑造了当时社会对人与自然关系认知的基本架构，也为进一步深入探索自然之谜留下了巨大的生态场域。对于马克思主义生态理论的形成而言，这是其重要的思想溯源之地。

二、现代自然科学的快速进展

生态文明依赖于人们认识自然界的水平，而这直接取决于科学的进步。科学发展最直接地影响了自然观。近代以来的前两次产业革命，推动了人类文明史从农业文明向工业文明的转型。19世纪是新的机械论自然观萌芽的世纪，也是机械论自然观指导下经典力学诞生的世纪。自然科学的发展，既带来了产业革命的不断升级，也为马克思主义辩证唯物主义自然观和生态思想的形成和发展提供了科学基础。因为，随着科学的发展和科学革命的推动，科学家们突破了把力学机制作为寻求自然界统一性唯一途径的局限，这是通过辩证唯物主义自然观产生的科学动力。特别是19世纪自然科学的三大发现——细胞学说、能量转化定律、达尔文的进化论，以近乎系统的形式为人们描绘了一幅自然界相互联系的清晰画面，彻底揭开了长期蒙在自然界上的神秘面纱，为整体自然观的形成提供了科学依据。正是在最新发展的自然科学成果启发下，马克思恩格斯形成了运动的、联系的、发展的辩证唯物主义自然观，对人类现实生存的自然界做了科学的考察，形成了具有前瞻性的生态思想。同时，面对世界观与自然成果的尖锐独立，马克思和恩格斯在对自然科学成果进行哲学概括、创立辩证唯物主义自然观的同时，为适应自然科学进一步发展的要求，曾对各种资产阶级的反动思潮，主要有宇宙热寂说、达尔文主义、庸俗唯物主义、实证主义以及经验主义等做了深刻的批判。这不仅为自然科学研究提供了正确的方法论指导，也为辩证唯物主义自然观的正确方向提供了思想保证。

马克思恩格斯同时代的关心生态环境问题的一些思想家，比如查尔斯·罗伯特·达尔文（Charles Robert Darwin）、李比希、托马斯·亨特·摩尔根（Thomas Hunt Morgan）、托马斯·罗伯特·马尔萨斯（Thomas Robert Malthus）等人，基本都有一些关于人与自然关系的思想阐述。“可以说，现代生态学在19世纪中期出现的基础就是达尔文在生物历史学领域所做出的成就，以及其他科学家在生物物理学领域的发现，比如德国伟大的农业化学家尤斯图斯·冯·李比希所强调的土壤肥质的循环及其与动物新陈代谢的关系。”[①]这些主张与马克思恩格斯关于自然环境问题的思想认识互动交流，成为马克思恩格斯生态理论的思想源泉之一。因此，马克思恩格斯生态主义理论的历史建构，正是建立在批判和继承达尔文、李比希、摩尔根、马尔萨斯等人的生态思想基础之上的。

① 约翰·贝拉米·福斯特.马克思的生态学：唯物主义与自然[M].刘仁胜，肖峰，译.北京：高等教育出版社，2006：112.

现代自然科学的进展，主要是指在马克思主义生态理论产生发展过程中扮演着重要角色的自然科学成果，具体来说，有海克尔的生态学、达尔文进化论、李比希的农业化学以及摩尔根的人类学等。

第一，生态学的迅猛发展带来一系列积极信号。生态学出现的时间相较于进化论而言更早一些，它是一门研究生物的生存条件以及生物与其生存环境之间的相互关系的科学。“生态学”一词源于希腊文，意思是指栖息地与住所。从字面上看，它是关于居住环境的科学，此外它跟经济学作为同词源的词汇，也被人称为自然经济学。最早这个词是由德国动物学家恩斯特·海克尔（E.Haeckel）1866年在其所著《普通生物形态学》一书中提出的。他指出：“我们把生态学理解为与自然界经济有关的知识，即研究动物和植物与它们的无机和有机环境之间的全部关系的科学，是对达尔文关于生存竞争条件的那种复杂的相互关系的研究。”①但当时，生态学概念的提出并未能引起学界的注意，直到达尔文及其自然选择等进化思想开始兴起后，生物学界才开始认识到生物与环境关系的重要性。直到20世纪初，生态学成为一门独立的自然科学。二战后，伴随着经济社会的发展，尤其是现代科学技术的快速进步，人们对于人口、粮食、资源以及环境等问题的认知更为深刻，生态学才开始被视为解决全球问题的有效渠道。20世纪60年代日益严重的生态问题促使人们将生态学作为公共政策和决策的重要工具之一，生态学逐步超出生物学学科范畴，成为独立的自然科学学科并逐步成为综合性突出的交叉性学科。正如有学者所说，生态学是一门联结生命、环境和人类社会的有关可持续发展的系统科学。应该说生态学自产生之初，就得到马克思主义生态学家的积极关注和深度解读。他们始终坚持深度广泛的原则，秉承着整体性、系统性、综合性、层次性和进化性等一系列的哲学理念。

第二，进化论的出现为解决生命的起源提供了一套全新的价值图式。著名生物学家达尔文提出了以自然选择为核心的进化论，揭示了人类与高等动物之间的进化关系。马克思恩格斯对此进行了高度评价，认为达尔文

① 唐纳德·沃斯特.自然的经济体系：生态思想史[M].侯文蕙，译.北京：商务印书馆，1999：21.

引起了人类学时代的革命，促进了人类史和自然史紧密联系起来。正是从达尔文进化论得到启示，马克思恩格斯建立了以劳动为基础的人类进化理论，阐述了人类劳动与进化之间的科学关系。达尔文为马克思运用唯物主义原理和进化论的术语来定义劳动过程以及人与自然关系，最终提出生态维度的新陈代谢理论提供了基础。

第三，李比希的有机化学是思考人与自然之间能量物质代谢的重要参考。李比希是19世纪最卓越的农业化学家之一。他在《农业化学》一书中系统阐述了农业和化学之间的密切联系，并把土壤贫瘠的两大根源归结为资本主义掠夺式的农业制度和城市污染所造成的城乡分离，以及人类和动物的排泄物无法被有效收集并返回农业，进而以此为基础深刻批判了资本主义的生态问题。得益于李比希新陈代谢思想的启示，马克思恩格斯引申并发挥应用了物质代谢概念，观察和分析资本主义造成的人和自然之间的物质变换断裂，发现了资本主义生产与后代人之间存在的必然矛盾。

第四，美国人类学史家摩尔根关于人类社会三个发展阶段的划分也对马克思思考人类社会的演变尤其是自然关系有着非常重要的影响。摩尔根在《古代社会》一书中运用唯物主义历史学方法，以“生存技术”为标准，将人类社会分为蒙昧时代、野蛮时代和文明时代三个阶段，提出了关于人类社会发展的一般理论。马克思和恩格斯同意摩尔根在《古代社会》中所阐释的历史唯物主义观点，指出历史归根结底是由直接生活的生产和再生产决定的，这种生产，包括生活、生产资料的生产和人自身的生产两个方面。人与人之间的社会关系以及人与自然之间的生态关系正是通过这种生产和再生产方式及其发展过程表现出来的。马克思恩格斯通过研读《古代社会》，借鉴了摩尔根的生态思想，逐步意识到生产和再生产方式对人与自然之间的生态关系的影响，同时又揭示了资本主义制度必然灭亡的命运。

第五，当时著名人口经济学家马尔萨斯的人口理论也在一定意义上成为马克思主义生态理论的重要思想借鉴与批判对象。马尔萨斯的《人口论》，在当时引起了广泛的社会反响。但由于它是资产阶级思想的著作，出版之初就引起了英国工人阶级的极大仇恨。马克思恩格斯在承认马尔萨斯人口理论具有一定积极意义的同时，严厉批判了这一理论中粗暴、野蛮、无情的反人道主义和反生态本质。基于此，马克思恩格斯在批判马尔萨斯人口论的基础上，提出了物质资料生产和人口生产两种生产之间的科学关系。

不仅如此，许多与马克思恩格斯同时代的学者关注并描述了当时生态环境不断恶化的事实，表达了他们对人类未来命运的隐忧，这也为马克思恩格斯具体阐述生态文明思想提供了理论借鉴和思路启示。比如，美国人乔治·马什（George Perkins Marsh）在其《人与自然》一书中首次描述了人类文明对于自然界的破坏性影响。在他看来，人类的行为扰乱打破了自然建立在有机界和无机界之间的联系和平衡，自然自身报复入侵者，把满目荒凉和疮痍呈现给人们，让破坏性的力量恣意横行。与此同时，德国人卡尔·弗腊斯（Karl Fraas）也积极倡导国家要保护森林，考察人类活动和农业耕作对自然环境的影响，并提出忠告说，如果人类不去有意识地加以控制对自然的开发，接踵而来的就将是土地的荒芜。乔治·马什和卡尔·弗腊斯的思想被马克思恩格斯借鉴利用，成为他们描绘人与自然矛盾关系的基础性材料。应该说这是马克思主义生态理论不断吸收和发展完善的真实写照。

三、空想社会主义者的资本批判思想

尽管马克思恩格斯在社会主义思想史上占有极其重要的地位，但要考察整个社会主义是否具有生态学传统，恐怕仅仅考察马克思恩格斯还是不够的，还要对其他社会主义者进行考察，并分析其与当今生态社会主义理论的契合性，如有契合的地方，那指责社会主义传统没有生态传统就显得不妥。事实上，经过考证，从空想社会主义开始，既有像莫尔、欧文、傅里叶等英法空想社会主义者或多或少的论述，也有像莫里斯这样系统地阐述生态环境问题的代表人物。当今许多生态社会主义者的思想在很大程度上与这些早期先行者的探索是存在契合性的。

（一）英法空想社会主义者的先行探索

英国空想社会主义者托马斯·莫尔（St. Thomas More）在描述乌托邦时，就谈到了物品的经久耐用问题。他说，“在工作时间穿可以经用七年的粗皮服，这是朴素的衣着”①。乌托邦很注意维持公共环境卫生，预防污染，“他们不允许将任何不洁的东西带进城市，以防止空气受腐朽物的污染而引起疾病”②。英国空想社会主义者罗伯特·欧文（Robert Owen）的“农工联合企业”则是一种理性的发展模式，其所倡导的合作社运动对地区生态经济的发展有潜在的巨大作用。其他19世纪晚期的社会主义者见证了工业发展所造成的环境破坏，如在资产阶级貌似繁荣的统治背景下，英国城市污秽不堪。有社会主义者提倡通过较少劳动获取较好的东西，也有社会主义者对消费主义进行批判，认为有害身心的东西以及过度消费都是由无休止的广告所强加的，消费主义是对无意义工作的逃避，未来的社会主义社会可通过自主决定的技艺和工作场所来修复这些弊病。

由社会主义者埃比尼泽·霍华德（Ebenezer Howard）发起的田园城市运动构建了“绿色城市”的蓝图：城乡一体化；通过建造新的小型的、自足的、配备齐全的城市来重建被毁灭的英国；住宅同社区设施和公共城市交通场所之间徒步可及；工厂、农场、避难所等布于城市周边，通过圆形的城内城际铁路系统相互连接；尽管还保留着私营企业，但所有的土地都是由自治区所有，为了公共利益，自治区还将对工厂和零售商进行协调。

费边社会主义者（Fabianism）主要关注资本主义财富分配不均问题以及无法容忍的帝国主义行径。其中悉尼·韦伯（Sidney Webb）夫妇的两本著作值得引起人们的重视，一本是《资本主义文明的衰变》，另一本是《英国社会主义联邦宪法》。前者认为资本主义生产无法使人对劳动产生兴趣，“控制自然”并非一种进步，对工人也无益。后者则提出了两院制议

---

① 托马斯·莫尔.乌托邦[M].戴镏龄，译.北京：商务印书馆，1982：59.

② 托马斯·莫尔.乌托邦[M].戴镏龄，译.北京：商务印书馆，1982：62.

会，其中一院叫社会院，关注当代人的物质和非物质环境及其后代的利益保护，他们还提出将资本主义工业逐步转变为市政企业和集体农场的方案，其中就涉及个人解放和环境保护问题。

在法国空想社会主义者夏尔·傅立叶（charlesfourier）的思想中也鲜明地表现出对资本主义的批判意识，甚至可以说是现代“红绿”理论的来源，其著作出色地阐述了基本的绿色原则：小即美的，友谊而不是战争，稳态经济，过高品质的生活而不应该满足于消费商品的量，快乐地工作，废除家长制和等级制，真正尊重自然等。

应该说，早期空想社会主义者的一些论断和思想启蒙对解决生态危机实现美好未来生态社会有了一定的探索，对于马克思主义生态理论而言也是一种有益的思想启迪。

（二）莫里斯的生态民主与资本批判思想

英国社会主义者威廉·莫里斯（William Morris）是被西方学术界公认的生态社会主义奠基人和先驱。西方生态马克思主义代表人物本·阿格尔就曾说，莫里斯属于生态学的马克思主义的传统，美国民主社会主义党也一直赞同，“生态社会主义的根源至少可以追溯到很早的威廉·莫里斯的乌托邦社会主义”①。莫里斯在1885年得到恩格斯的支持，组建了社会主义者同盟，并担任该同盟机关报《公共福利》周刊的主编，由此撰写了大量作品，这其中包括著名的《乌有乡消息》。

在莫里斯的著作中，探究人与自然的关系，先从分析劳动开始。他认为，在资本主义条件下，人们的劳动是不快乐的。为了尽量利用高水平的生产技术，资本主义创造了一种非常复杂的商品贸易体系，莫里斯称之为“世界市场”，这种体系发挥作用会迫使工人生产更多商品，而不管人们是否真的需要。同时，莫里斯又将这种贸易体系下的生产称为“廉价生产”，其特征是“争取在任何一种物品的生产上花费尽可能少的劳动力，而同时

① 转引自郇庆治.西方生态社会主义研究述评[J].马克思主义与现实,2005(4):94.

又设法去生产尽可能多的物品”①。在莫里斯看来，原本用来为人服务的商业，在资本主义条件下，却颠倒过来了，不是商业为人而设，而是人为商业而设。由此，劳动的快乐丧失殆尽，这种不快乐的劳动并不局限于本国，资本主义国家为开拓国外市场，强迫当地人购买他们不需要的商品，还掠夺他们的天然资源，从而破坏他们的生态环境，让他们过着如同奴隶般的生活，这种不快乐的劳动构成了人们的生活状态，并进而导致人与自然关系的扭曲。

莫里斯认为，资本主义的竞争性商业贸易和对利润的无止境追求，造成了环境的破坏。这是一个因罪恶带来诸多不公平的实例。资本主义商业的进步，换来的是文明的衰退，直接表现为人与自然关系的异化，人类与自然界的整体性被割裂。

那么如何克服资本主义的弊端？除了进行深入批判以外，莫里斯认为，应该提倡重组劳动，使劳动快乐起来。这一点是同马克思恩格斯的立场相一致的，正如恩格斯所说，“动物仅仅利用外部自然界，简单地通过自身的存在在自然界中引起变化；而人则通过他所作出的改变来使自然界为自己的目的服务，来支配自然界。这便是人同其他动物的最终的本质的差别，而造成这一差别的又是劳动。”②通过劳动，人改变自然界，从自然界中获取自身所需的资源，也正是通过劳动，自然界本身才能将其固有的财富转化为对人类有用的产品，所以，劳动成为人与自然辩证关系的中介。可以说，在这一意义上，莫里斯对资本主义生产过程中劳动的认识同马克思所主张的劳动异化是一致的。空想社会主义者的早期探索，尤其他们对于资本主义社会生产的各种批判性见解，为后来马克思主义生态理论的形成与不断发展创新提供了有益的启示。

综上所述，马克思主义生态理论的产生绝非偶然，而是以马克思恩格斯为代表的马克思主义者长期对社会发展过程中的自然生态环境问题予以深刻反思而来的，是他们坚持对资本主义生产进行有效批判的产物。不同

① 威廉·莫里斯.乌有乡消息[M].黄嘉德，包玉珂，译.北京：商务印书馆，1981：118.

② 马克思恩格斯文集：第9卷[M].北京：人民出版社，2009：559.

于一般意义上的理论架构，马克思主义生态理论并非一成不变的自我封闭和循环的模式，相反，它一直来源于社会发展实践，并且长期注重与社会理论成果的有机结合，不断形成更为深刻的认知，进而实现理论的深化与实践经验的累积发展。正是带着这样的理论发展要求和实践行动走向，马克思主义生态理论在19世纪逐步形成应对时代问题的基本内容框架与理论特色。

第二章　马克思恩格斯生态理论的形成与时代价值

在日益严重的生态危机背景下，学者们开始把目光投向马克思主义，逐步使用生态视野去重新审视。无论是生态马克思主义还是生态社会主义，都从马克思恩格斯的生态思想中受益匪浅。但是，我们认为，在马克思主义生态思想的理论谱系中应当包含普列汉诺夫、列宁、布哈林等人的生态探索与反思，我们不该忽视这座生态思想的“富矿”。尽管当时，“在传统社会主义条件下，由于多种复杂因素的影响，自然资源的利用既没有像资本主义那样作为成本核算，也不可能像共产主义时代那样达到人与自然的和谐，而是作为推动社会经济发展的无偿因素遭到毁灭性的开采，粗放型的发展模式甚至比资本主义生产带来更为严重的环境破坏和资源浪费”[①]。但不容忽视的是，在社会主义条件下，重视生态科学和环境保护实践，也需要统筹经济发展的相关目标，保持清醒的认知，这对社会主义国家的生态理论与实践都具有启发和借鉴意义。

第一节　马克思恩格斯生态理论的主要内容

虽然生态问题并非马克思、恩格斯所处时代应该面临的主要议题，但马克思、恩格斯在《1844年经济学哲学手稿》《德意志意识形态》《共产党宣言》《乌培河谷来信》《自然辩证法》以及《资本论》等著作中系统论述

① 陈学明，罗骞．科学发展观与人类存在方式的改变[J]．中国社会科学，2008(5)：27.

了人类和自然的辩证统一关系、历史观和自然观的辩证统一、科学技术异化使用所造成的生态问题、资本主义制度和生产方式等生态思想，并由此形成较为系统的生态文明理论。我们在这里将着重从无机身体论、自然报复论、双重和解论以及新陈代谢断裂论这些方面对19世纪马克思主义生态理论的主要内容进行审视与探究分析。

一、无机身体论

无机身体论是对于马克思主义生态自然观中典型特征的集中把握，马克思将自然比作人类的无机身体，这一形象描述，原本就是要在生态自然观的视域中揭示人与自然之间的密切关系。为此，要说清楚无机身体论，我们必定绕不开对马克思生态自然观相关内容的理解与把握。生态自然观是以人同自然和谐关系为主题的价值观，是马克思主义看待人与自然的根本立场。马克思、恩格斯在《1844年经济学哲学手稿》《德意志意识形态》等一系列著作中，对人类和自然的关系展开了论述，提出二者以“人类实践”为基础的相互制约、相互影响的辩证统一关系，形成了他们的生态自然观。具体来说：

第一，自然既是人类的实践活动前提，人类实践活动受自然条件制约，同时自然又是人类实践活动的对象，人类根据自己的需要能动地改造自然界。自然具有相对于人存在的优先性，而人类是自然界发展到一定阶段的产物，自然具有不依赖于人存在的特点，并且是人类生存与发展的基础和条件。马克思将人类出现之前的自然称为“自在的自然”，自然制约着人的实践活动，使人类的生存和发展依赖于自然。“人直接地是自然存在物。人作为自然存在物，而且作为有生命的自然存在物，一方面具有自然力、生命力，是能动的自然存在物；这些力量作为天赋和才能、作为欲望存在于人身上；另一方面，人作为自然的、肉体的、感性的、对象性的存在物，同动植物一样，是受动的、受制约的和受限制的存在物”①，因此，

① 马克思恩格斯文集：第1卷[M].北京：人民出版社，2009：209.

可以说，人的生命活动必须依赖于自然。“没有自然界，没有感性的外部世界，工人什么也不能创造。自然界是工人的劳动得以实现、工人的劳动在其中活动、工人的劳动从中生产出和借以生产出自己的产品的材料。”[①]自然界提供人类生存和发展所需要的物质生活资料和生产资料，这是马克思把自然看作人的无机身体的根本原因。不仅如此，人类社会的历史发展也必须是以自然为基础。马克思、恩格斯进一步强调，即便人类具有利用和改造自然的能力，但这并不能改变自然的优先地位。他们在批判费尔巴哈直观唯物主义，肯定人类对自然的能动改造能力时仍然主张外部自然界的优先地位。

第二，马克思、恩格斯不仅认为人类是自然存在物，而且更加明确地肯定人类是对象性存在物，自由自觉的感性实践活动是人区别于其他动物的根本特点。正是通过感性实践活动，人类把自然二重化为“自在的自然”和“人化的自然”，并以人类实践为中介调整人类与自然的物质变换关系。与一般动物仅仅依靠本能被动适应自然不同，人类既是自然存在物，更是一种对象性存在物，这就决定了人类不会像一般动物那样被动地适应自然，而是根据自己的需要能动地改造自然，从而使自然越来越打上人类的烙印，实现“自然的人化”。对此，马克思指出：“通过实践创造对象世界，改造无机界，人证明自己是有意识的类存在物，就是说是这样一种存在物，它把类看做自己的本质，或者说把自身看做类存在物……动物的生产是片面的，而人的生产是全面的；动物只是在直接的肉体需要的支配下生产，而人甚至不受肉体需要的影响也进行生产，并且只有不受这种需要的影响才进行真正的生产；动物只生产自身，而人再生产整个自然界；动物的产品直接属于它的肉体，而人则自由地面对自己的产品。动物只是按照它所属的那个种的尺度和需要来构造，而人却懂得按照任何一个种的尺度来进行生产，并且懂得处处都把固有的尺度运用于对象；因此，人也按照美的规律来构造。”[②]正是通过人的劳动时间，形成了“人化自

① 马克思恩格斯文集：第1卷[M].北京：人民出版社，2009：158.

② 马克思恩格斯文集：第1卷[M].北京：人民出版社，2009：162-163.

然”。恩格斯在《自然辩证法》一书中从自然界进化的角度，论证了人类是自然界进化的产物，论证了劳动在人形成过程中所起的决定作用，从而得出自然史与人类史具有同一性的结论。对马克思恩格斯而言，正是在改造客观世界的生产过程中，人类才能证明自己相对于其他动物的特殊性，才能体现人类的本质。“通过这种生产，自然界才表现为他的作品和他的现实。因此，劳动的对象是人的类生活的对象化；人不仅像在意识中那样在精神上使自己二重化，而且能动地、现实地使自己二重化，从而在他所创造的世界中直观自身。”①

虽然马克思、恩格斯承认自然的优先性，但他们唯物主义理论中的“自然”并非是洪荒之地的自然，而是纳入人类实践和人类发展历史中的自然，是具有社会历史性特征的自然。马克思、恩格斯始终是立足于人类社会历史理解自然的，强调脱离人类社会历史孤立地去研究自然史是错误的。因此，马克思强调人类社会历史是人类与自然的中介和纽带，人与自然的关系总是人类社会历史中的关系，他们由此批评，费尔巴哈没有看到他周围的感性世界并不是某种开天辟地、始终如一地存在的，而是人类实践的产物，是工业与社会状况的产物，由此造成其理论自然观和历史观的断裂。事实上，自然观的社会历史性特征不仅体现在人类通过实践与自然相联系，进而给自然打上人类社会历史的烙印，而且体现在人类与自然的关系随着人类实践的发展不断变化。

第三，无机身体论的演变过程，其实是人类社会不断在同自然协同进化的过程。这个变化过程具体来说，经历了从原始社会人类不得不以屈从自然的方式实现人类与自然关系的统一，到资本主义制度下的人类与自然关系的严重对立的发展过程。马克思、恩格斯强调只有到了生产力高度发展和交往日益普遍的共产主义社会里，人类和自然关系才能真正实现统一。因此，马克思恩格斯把人类社会发展历史归结为“自然人化”与“人化自然”的有机统一。所谓“自然人化”是指自然要素通过人类实践成为人类自身的一部分，自然伴随着人类实践也打上了人类烙印。“全部历史

① 马克思恩格斯文集：第1卷[M].北京：人民出版社，2009：163.

是为了使‘人’成为感性意识的对象和使‘人作为人’的需要成为需要而作准备的历史（发展的历史）。历史本身是自然史的一个现实部分，即自然界生成为人这一过程的一个现实部分。”[①]自然是历史的自然，历史则是自然的历史，自然史和人类史的共同发展构成了以人类实践为基础的人类社会发展的历史。

要把握无机身体论的内涵，离不开坚持历史观与自然观的辩证统一，是马克思恩格斯的唯物主义哲学的突出特点，这是他们在传统历史观和自然观，特别是在批判黑格尔以及青年黑格尔派唯心主义哲学的同时，也批判了费尔巴哈脱离历史抽象谈论自然的缺陷的基础上所得出的积极成果，也是他们的生态自然观的重要内容和特点，主要包含两个方面的内容：

其一，通过对传统历史观和自然观，特别是对黑格尔唯心主义哲学和费尔巴哈直观唯物主义的批判，强调自然观与历史观不可分割的关系。与传统的历史观和自然观割裂二者辩证统一关系的抽象历史观和抽象的自然观不同，历史唯物主义始终坚持自然史和人类史在人类实践基础上的辩证统一关系。因此，马克思在《关于费尔巴哈的提纲》中批评，以前的直观唯物主义的缺陷主要是没有立足于“感性实践”去理解外部世界，不清楚“环境的改变和人的活动的一致，只能被看做是并合理地理解为变革的实践”[②]。也批评以黑格尔为代表的唯心主义哲学脱离自然的制约性，片面强调人的能动性的错误，马克思、恩格斯在《神圣家族》中进一步批判青年黑格尔派继承和发展了黑格尔哲学中自然、人与现实相脱离的思想，进而把自我意识看作是创造一切的主体，完全否定了外部世界存在的客观性，指出这是一种脱离自然、割裂人类与自然辩证关系的抽象历史观。他们“把思维和感觉、灵魂和肉体、自身和世界分开一样，它也把历史同自然科学和工业分开，认为历史的诞生地不是地上的粗糙的物质生产，而是天上的迷蒙的云兴雾聚之处”[③]。这实际上是黑格尔哲学的现代变种，黑

① 马克思恩格斯文集：第1卷[M].北京：人民出版社，2009：194.

② 马克思恩格斯文集：第1卷[M].北京：人民出版社，2009：504.

③ 马克思恩格斯文集：第1卷[M].北京：人民出版社，2009：350-351.

格尔在《精神现象学》中就是要力图证明自我意识是唯一的，无所不包的实在，在自我意识内思维与存在、理论与实践得到有机统一，青年黑格尔哲学无非是重复黑格尔的观点。在马克思、恩格斯看来，只有真正进入到人类实践活动中的自然界才是真正意义上的现实的自然界，人类社会和自然界二者之间辩证统一关系的基础正是在于人类实践，人类社会和自然的关系取决于人类社会实践活动的发展和深化。在《德意志意识形态》一书中，马克思、恩格斯批判费尔巴哈指出："当费尔巴哈是一个唯物主义者的时候，历史在他的视野之外；当他去探讨历史的时候，他不是一个唯物主义者。在他那里，唯物主义和历史是彼此完全脱离的。"①他们批评费尔巴哈没有看到："他周围的感性世界决不是某种开天辟地以来就直接存在的、始终如一的东西，而是工业和社会状况的产物，是历史的产物，是世世代代活动的结果，其中每一代都立足于前一代所奠定的基础上，继续发展前一代的工业和交往，并随着需要的改变而改变他们的社会制度。"②在马克思、恩格斯看来，一方面，自然制约着人类实践，自然始终对人类实践具有优先地位；另一方面，伴随着人类实践，人类逐渐能够支配自然，并使自然越来越走向人化，正是在人类实践的基础上，自然和历史实现着统一。"生命的生产，无论是通过劳动而生产自己的生命，还是通过生育而生产他人的生命，就立即表现为双重关系：一方面是自然关系，另一方面是社会关系；社会关系的含义在这里是指许多人的共同活动，不管这种共同活动是在什么条件下、用什么方式和为了什么目的而进行的。由此可见，一定的生产方式或一定的工业阶段始终是与一定的共同活动方式或一定的社会阶段联系着的，而这种共同活动方式本身就是'生产力'；由此可见，人们所达到的生产力的总和决定着社会状况，因而，始终必须把'人类的历史'同工业和交换的历史联系起来研究和探讨。"③强调自然是人类实践和社会历史发展的基础，人类与自然的关系会随着人类实践的深

① 马克思恩格斯文集：第1卷[M].北京：人民出版社，2009：530.

② 马克思恩格斯文集：第1卷[M].北京：人民出版社，2009：528.

③ 马克思恩格斯文集：第1卷[M].北京：人民出版社，2009：532-533.

化而不断发展。作为一种自然存在物，人类的生存和发展必须以自然为基础。这一方面是因为人类本身是自然长期发展的结果，人类是自然界的内在组成部分，自然是人的无机的身体，人类的生产与生活必须受自然规律的制约。因此，恩格斯在论及人与自然的关系时指出，“我们每走一步都要记住：我们决不像征服者统治异族人那样支配自然界，决不像站在自然界之外的人似的去支配自然界——相反，我们连同我们的肉、血和头脑都是属于自然界和存在于自然界之中的”[①]。另一方面，人类要生存与发展，必须通过能动性的劳动实践与自然界进行物质和能量的交换，并在劳动实践的基础上形成既对立又统一的辩证关系，这也意味着人类和自然的关系会随着实践的发展而不断变化和深入，即自然史和人类史发展呈现出一致性的特点。人类与自然关系的演变是以生产力水平高低为基础的，具体来说经历了依赖自然、征服自然和追求与自然和解的三大阶段。

其二，必须变革人与人的不合理的社会关系和生产方式。在历史唯物主义的理论视野中，考察人类与自然的关系，必须以人与人的关系为基础，并且强调人类与自然的关系从属于人与人的关系。也就是说，人类能否合理处理人类与自然的物质变换关系，既取决于我们对自然规律的认识，又取决于人与人的关系是否合理。因此，恩格斯指出：“我们对自然界的整个支配作用，就在于我们比其他一切生物强，能够认识和正确运用自然规律。……仅仅有认识还是不够的。为此我们需要对我们的直到目前为止的生产方式，以及同这种生产方式一起对我们的现今的整个社会制度实行完全的变革。”[②]

认识到无机身体论对于马克思主义生态理论的重要价值，那么随之带来的方法论意义在于：一方面，人和自然的关系取决于人们在劳动实践中形成的社会关系，因此，解决生态危机既需要解决人和自然的关系，又需要解决不合理的社会关系。对于人类“支配自然”造成负面后果的原因，在恩格斯看来主要存在认识原因和社会历史原因。所谓认识原因就是指人

① 马克思恩格斯文集：第9卷[M].北京：人民出版社，2009：560.

② 马克思恩格斯文集：第9卷[M].北京：人民出版社，2009：560-561.

类还没认识到自然规律，无法预测自己实践行为的后果；所谓社会历史原因就是指社会特殊利益集团以自己的利益为基础，用科学技术盲目支配自然，并超出自然所能承受的限度，结果造成自然对人类的惩罚。另一方面，解决生态危机不能仅仅只考察人的生态价值观问题，还必须考察社会和自然之间的物质和能量交换的实际过程。对此，福斯特批判西方绿色思潮拘泥于抽象生态价值观谈论生态危机与解决之道，他们的错误在于没有认识到“生态问题首先而且最主要地被简化一个价值观问题，而理解人类和自然之间不断进化的物质关系（马克思称之为‘新陈代谢关系’）这个更加困难的问题也因此被完全忽略了”[①]。福斯特进一步断言马克思主义对于解决生态问题具有巨大的潜力和优势，这是因为它“所依赖的社会理论属于唯物主义：不仅在于这种唯物主义强调物质——生产条件这个前提，以及这些条件如何限制人类的自由和可能性；而且还因为，在马克思那里，至少是在恩格斯那里，这种唯物主义从来没有忽视过这些物质条件与自然历史之间的必然联系，也就是与唯物主义自然观的必然联系”[②]。

二、自然报复论

长期以来，为了实现经济的快速发展，人类大规模开采、掠夺自然资源，向自然界过度施压，导致资源短缺、物种减少、能源危机、气候恶化、森林破坏、臭氧空洞等生态问题接踵而来。全球性生态环境问题已经引起了学界的高度关注，人们在重新反思人与自然关系的过程中，对恩格斯《自然辩证法》中“自然报复论”思想给予了高度关切。在我们看来，自然报复论也是马克思主义生态理论的重要组成部分。

在马克思主义学者的著作中，直接体现的依据是，对“自然报复论”

① 约翰·贝拉米·福斯特．马克思的生态学：唯物主义与自然[M]．刘仁胜，肖峰，译．北京：高等教育出版社，2006：12-13.

② 约翰·贝拉米·福斯特．马克思的生态学：唯物主义与自然[M]．刘仁胜，肖峰，译．北京：高等教育出版社，2006：22.

思想的经典描述来自于恩格斯的《自然辩证法》，“但是我们不要过分陶醉于我们人类对自然界的胜利。对于每一次这样的胜利，自然界都对我们进行报复。每一次胜利，起初确实取得了我们预期的结果，但是往后和再往后却发生完全不同的、出乎预料的影响，常常把最初的结果又消除了”[①]。由此可见，自然报复论是指人类在不遵循自然规律的情况下，因罔顾自然价值而进行的盲目改造自然的行为遭到自然打击惩罚的理论。那么恩格斯在《自然辩证法》中如何论证这个思想的？恩格斯“自然报复论”思想包含哪些具体内容？恩格斯“自然报复论”思想在马克思主义生态理论的构成中扮演什么角色，有什么独特价值，对于马克思主义生态理论的形成发展以及当代生态文明实践有哪些启示和意义，这是我们在这里需要探究分析的内容。

（一）恩格斯“自然报复论”思想的具体内涵

自然界的存在和发展促进了人类的繁衍生息，“自然报复论”思想的提出不仅是为了让人类认识生态现状，更重要的是为了促使人类重视自然界的重要价值，厘清人与自然和谐相处的机理。恩格斯“自然报复论”思想的具体内涵主要包括以下五个方面。

第一，自然是人类生存发展的基础。物质世界按照自身的发展规律在漫长的演进过程中不断进化发展，体现着自身的多样性和优越性。人类的产生为自然界的发展提供了无限的可能，使其有了新的飞跃。这种飞跃归根到底是人通过实践活动完成的。自此，物质世界被分化为自然界和人类社会两大领域。自然界是人类生存和发展的物质基础，包括未打上人类印记的自在自然和人类活动涉足过的人化自然。人类社会是在自然界长期发展的基础上通过人类的实践活动产生出来的，是在特定的物质资料的生产基础上形成的。人类社会的产生使人成了一种社会存在物，但并不意味着人类完全脱离了自然界，相反，人类赖以生存的物质生活资料仍然要从物质自然界中获取。因此，离开了自然界，不仅人类的社会实践活动无法顺

① 马克思恩格斯选集：第3卷[M].北京：人民出版社，2012：998.

利开展，人类自身的生产和再生产也无法进行，脱离一定自然环境的人类社会也不可能再继续存在。

第二，自然规律作用的不可超越性。自然规律是不以人的意志为转移的，人类可以通过能动的活动，认识和利用自然规律为人类造福。但是自然规律也有一定的不可抗拒性，人类应在改造自然的同时懂得适可而止。恩格斯在《自然辩证法》中对于人类的不合理行为进行了阐述：今天的生产方式虽然在最初带来了一定的成果，但是后来，需求和供给之间的和谐，变成了二者的两极对立，每十年一次的经济危机就显示了这种对立[①]。可以说，社会关系有机系统的形成及发展取决于自然界。正是因为我们能够正确地认识和运用自然规律，因此我们对自然界才具有支配作用。因此，人类只有在正确认识和利用自然规律的前提下，才能正确认识人类对自然界的干预行为所产生的较近或较远的后果，最终达到认识世界和改造世界的目的。

第三，任何资源都具有量的规定性。事物的联系和发展大都采取量变和质变这两种形式，并且一事物的量和质的相互统一在度中得到实现。因此，在认识事物和处理问题的过程要掌握适度原则。各种资源的量的规定性即量的多少的规定性。自然界为人类社会提供了丰富的物质生产资料和生活资料，但这并不意味着自然界的所有资源都是可供支配和消费的，恩格斯所列举的美索不达米亚、小亚细亚、希腊、阿尔卑斯山居民砍伐森林的实践就是最好的例证。取之不尽用之不竭的旧观念使自然界已经不堪重负，人类也应从自然界的报复行为中总结经验吸取教训。

第四，生态负面影响生成的累积性。恩格斯在《自然辩证法》中已经用一系列的例子阐述了生态问题负面影响的累积性。动物在无意识的情况下消灭掉了满山的植被，这种对自然的“掠夺行为”对生态环境的破坏也是有目共睹的。量变在积累到一定程度后必然会引起质变，人类无节制的索取引起的自然界的报复就是最好的例证。人类从动物界中分离出来以后，不再是过去那种单纯的自然存在物，需要解决“如何生存”“如何发

① 马克思恩格斯选集：第3卷[M].北京：人民出版社，2012：1001.

展”继而“如何享受”的问题。

第五，自然施加影响范围的全面性。生态环境问题的负面影响是十分广泛的，不仅体现在其受众的全面性，也体现在它对物质世界各方面的影响的全面性。生态环境问题的产生是人类不合理的观念和行为共同作用的结果，因此，生态环境问题施加影响的范围必然是全面深刻的，所有人都逃不脱自然界的惩罚。环境问题负面影响的全面性告诫人类不遵循自然界的客观规律、任意破坏生态环境的行为必然会受到来自自然界的报复，人类在无法获取赖以生存的资源和物质的条件下，也势必无法继续生存和发展。只有理解了“自然报复论”思想的深刻内涵，才能够为充分挖掘“自然报复论”所蕴含的具体启示提供重要的助力。

（二）恩格斯“自然报复论”思想对生态文明建设的启示

恩格斯“自然报复论”思想的提出不仅有助于正确理解自然报复论的具体内涵，也对当代正确处理人与自然的关系，解决生态危机意义重大。

第一，正确认识人与自然关系：从“人定胜天”回归“天人合一”。

人类社会产生于自然界，自然界是人类赖以生存的物质基础。人类与自然界的关系主要经历了三个阶段：依赖自然阶段、利用改造自然阶段和控制征服自然阶段。人类在从猿转变为人类后，为了生存会通过自身活动在自然界中引起变化，使自然界为自己的生存发展服务，这一阶段人与自然处于和谐相处、互惠互利的状态中。经过第一阶段的发展，人类获得了一定的生存技能，开始不满足于仅仅通过自然界获得维持生存的物质材料的状态，于是人与自然的关系进入了第二阶段——利用改造自然阶段。在这一阶段，随着工业社会的发展，人类开始有意识地通过大量开采自然资源的方式获得物质财富和精神财富，“人类中心主义”式的发展模式开始运行。这一阶段，人与自然的关系开始有大的改变，人类试图征服自然的意图已经显现出来。控制征服自然的观念在人与自然关系发展的第三阶段已经充分成熟，在开发利用自然的过程中，人类一直坚信“人定胜天”，认为人类是万物的主宰，只有征服自然界，人类才能获得一切。这一做法严重违背了自然界的发展规律，导致人与自然的关系呈现过分紧张状态，生态危机也日益严重化。因此，在处理人与自然关系的过程中，人类要以自然界的发展规律为依据，以实现人与自然的共同发展为准绳，充分考虑二者之间的和谐，从而为自然界与人类社会的长足、可持续发展奠定基础，最终实现天人合一。

第二，反思生态环境问题的本质：不是“自然报复人类”，而是“人类报复人类”。

人类在为通过征服自然界而获得的经济高速运而转沾沾自喜时，生态危机的日益严重为人类敲响了警钟，人类重新反思生态环境的本质到底是“自然报复人类”，还是“人类报复人类”。著名生态学者卢风认为：“伴随着自然科学和技术发明的一次次胜利，人们似乎越来越相信人类愈能征服自然便愈能过得舒适，殊不知人类在发明了利用煤、石油的种种途径的同时，大气便日益受到种种废气的污染；在掌握了开发原子能的技术的同时便笼罩在可能爆发的核战争的阴影之中，更不用说核电站发生事故已曾造成过对人类的前所未有的损害。”[①]由此可以看出，自然报复论虽然是指自然界在通过特定方式报复人类的不合理行为，但实则是人类自身的行为在反噬自身。人类在整个实践活动中居于主体地位，自然界资源短缺、环境污染等问题的频繁发生也是人类自身的错误做法所导致的，所谓自然的“报复”只是一种拟人化的说法，是人类为了将生态环境问题的责任全部推卸给自然的做法，所以，“自然报复人类”只是人类的主观臆想。提出自然报复论的意义是为了让人类真正重视人与自然关系的失衡状况，能够认真践行自然界的客观规律，因此，人类只有从“人”的角度出发理解报复论才有意义。因为“自然有其自身的客观运动规律。现实中出现的生态危机等等各种现象也只不过是人类没有按照规律办事而产生后果的表现形式。也就是说‘生态危机’说到底还是人类自身行为的后果表现形式而已。而恩格斯之所以用‘报复’一词也是想通过运用‘拟人’和‘比喻’

① 卢风.放下征服者之剑——关于自然和人类之关系的哲学反思[J].自然辩证法研究,1994(6):6.

的手法向我们警示尊重客观规律、强调人与自然和谐相处的重要性”①。因此，自然报复论的本质并非“自然报复人类”，而是“人类报复人类”。人类应该在生态危机日益严重的背景下高度重视人与自然的关系问题，努力实现人类社会与自然界的整体发展。

总之，自然报复论实际上是大自然对人类无视客观规律实践活动的后发性反馈。因此，对于人类而言，在社会发展过程中，应该尊重自然界的价值，以实现共同福祉为目标，切实承担起保护生态环境的责任，努力实现人类社会与自然界的共同发展，有效推进社会主义生态文明建设顺利进行。这既是一种发展之道更是生存范式，人与自然之间不应该是彼此报复的关系，而应该处于一种和谐友好、互相辅助、协同演化的关系定位。

三、双重和解论

资本主义社会中，获取最大化的利益与利润是资本家一直追求的，为了减少生产成本，他们把自然界纳入自己精打细算的计划之中，利用各种方式从自然界中获取生产资料与生活资料，给自然界造成了巨大的压力，导致人与自然之间相异化。自然界也遭受到了巨大的破坏，资源的浪费、环境的污染与破坏等一系列生态环境问题不断出现。环境的破坏给人的生存与发展也带来了巨大的威胁。马克思认识到要保护环境，解决好人与自然之间的紧张关系，就必须得找到与资本主义社会生产方式不一样的途径来改善生态环境，而这个方法就是实行共产主义。共产主义社会不仅可以让全体社会成员生存发展得更好，同时也可以使人与自然和谐相处，这在一定意义上可以概括为“双重和解论”，既需要人与人之间的和解，也需要人与自然之间相互和解。

（一）人与人之间的和解是自然和解的基础

马克思认为在资本主义私有制下，人与自然关系的对立背后其实展现

① 王现伟，李全喜．对自然“报复”论的思考[J]．前沿，2009(2)：103．

的是人与人之间关系的异化与对立，二者之间是相互联系的。人具有社会属性，这使得人与动物不同，根本体现在人与人之间必须是相互有关联的，而且一直都处于社会交往与生产的关系中，只有这样，才能实现对自然的作用与影响，不然就不会产生任何作用。但在资本主义的私有制下，人们之间的关系表现出了特殊的状态，这就是资本家与劳动者之间的不平等的关系，资本家对劳动者实行雇佣劳动，二者是压迫与被压迫、剥削与被剥削的关系，资本家只关心劳动者能为他们创造多大的剩余价值，带来多少利益。而相反劳动者什么都没有，仅仅靠出卖劳动力来维系生存。这种情况下，资产阶级与无产阶级之间的矛盾逐渐扩大，资产阶级逐渐成为富有的一方，掌控着社会中的各种资源，而无产阶级却是极度贫穷的一方，不占有任何资源条件。马克思认为要彻底改变这种状态，就得改变资本主义制度，实行共产主义，因为在共产主义社会中，生产力得到充分发展，阶级的分化也将不复存在，每个社会成员在物质与精神财富方面更是获得了满足，而这些物质财富与精神财富都归全体社会成员共有，人人都可以按照自己的需要来开展活动，且都是自主自愿的实践活动。个人的发展也是自由的，劳动者之间也不存在竞争，人人享有一样的权利。自然环境资源在全社会成员之间是共享的，所以在行使平等权利与享受平等义务的过程中，人对于自然环境资源的活动影响就会控制在一定的合理范围之内。这样人与人之间就不会产生矛盾，环境的污染与生态的破坏也不会产生，整个社会中人与人、人与自然之间都是和谐存在的状态。

自然先于人类社会而存在，而在人类产生之后，人与自然之间就是相互联系的关系。在人类社会发展的前期，对自然界崇拜、敬畏，人与自然处于一个比较融洽的氛围。在社会得到进步发展，尤其在进入资本主义社会后，人们认识水平、认识能力的不断提高以及追求利益最大化的社会本质使得人与自然之间产生分裂与对立，它们不再是和谐的状态。

资本主义的不断发展使得人类不再满足于崇拜自然界的状态，而更多的是想支配与控制自然界，这样只会使人与自然之间的矛盾越来越大。自然界与人类社会是相互影响的，没有自然界，就没有人类社会，所以我们应该认真地对待自然界，理性地认识到自然资源是有限的，而不是任我们随意破坏与浪费的。如果人类对于自然界没有支配与控制，像爱护自己的身体一样来保护我们的生态环境，我们生活的环境肯定是美好的，而且人类也可以运用自身力量使得自然环境的多样性更加丰富。总之，在人与自然的对话中，人类要做到尊重自然客观规律，在自然界容许的范围内进行“物质变换”。物质变换的关键就在于在人与自然环境之间加入实践活动这一中介，让实践活动的参与来调节人与自然环境间的变化发展，这样的物质变换会使自然与人都得到相应的发展，并且始终贯穿在人与自然发展的过程中。

（二）修复人与自然之间的断裂有助于和解

在马克思看来，要促进人与自然关系的和解，势必要先将人与自然二者之间断裂的关系修复完整，这就需要对资本主义进行更加彻底深入的批判，由此才能促进人与自然之间关系的和解。马克思认为人与自然之间合理的新陈代谢关系，是社会主义者遵循历史规律对人与自然关系的自觉合理的规划，建设人与自然和谐的生态社会的美好愿景，需要一个很长的历史过程才能实现，这是人类历史的发展规律决定的。那么共产主义将如何克服资本主义“新陈代谢断裂”的问题呢？对此，马克思的思考不再局限于农业，而是涉及整个社会的“生态可持续性”问题，他提出通过“生产者的联合”来彻底解决资本与生态相对立。马克思认为，在共产主义社会，联合起来的生产者将人和自然之间的物质变换置于一种共同的控制之下，为避免交换的盲目性而实行有计划地调节，按照人与自然和谐的原则来进行这种物质变换。根据马克思的论述，社会—自然这个大生态系统应当跟自然生态系统一样，具有自己的反馈控制机制，唯一的区别是自然生态系统的反馈机制是自动完成的，而社会—自然的生态系统的反馈是靠人类社会的计划和控制来完成的，是发挥了人的实践能力完成的，是人类遵循自然规律的前提下对历史的创造。马克思恩格斯以唯物史观的自然观与历史观的辩证统一思想为基础，运用历史分析法和阶级分析法，对资本主义制度和生产方式所产生的生态问题进行了系统的批判，进一步丰富了他们的生态文明理论。

第一，他们揭露了资本主义生产造成的自然环境的破坏和自然资源的枯竭。恩格斯早在1839年的《乌培河谷的来信》中就揭示了资本主义生产方式对自然环境的破坏。恩格斯在1845年出版的《英国工人阶级状况》一书中指出，自然资源被滥用，工业革命带来的影响不仅如此还极大地伤害了工人的身体。森林砍伐殆尽，工人的生存条件不但未能得到改善还变得更为恶劣。对于资本主义生产方式所造成的资源枯竭的现象，马克思在《资本论》中也指出："劳动生产率也是和自然条件联系在一起的，这些自然条件的丰饶度往往随着社会条件所决定的生产率的提高而相应地减低……我们只要想一想决定大部分原料产量的季节的影响，森林、煤炭、铁矿的枯竭等等，就明白了。"[①]因此，马克思认为资本主义生产发展的必然结局是破坏人类与自然之间的物质变换关系，使人类与自然物质变换关系产生裂缝，即产生生态问题具有必然性。

第二，马克思恩格斯揭露了资本主义制度和生产方式对工人阶级的生存状况、身心健康的巨大损害。在《英国工人阶级状况》中，恩格斯深刻地谈到，资本主义生产方式导致人口向城市集中，城市拥挤的建筑和资本主义生产污染了空气，使工人呼吸不到新鲜的氧气；城市垃圾以及被城市垃圾所污染的生活用水损害工人的身心健康。这种恶劣的生存环境造成工人阶级身体的普遍衰弱。马克思在《资本论》中批评资产阶级依靠牺牲工人而实现劳动条件的节约。马克思不仅揭露资本家通过延长工人的劳动时间获取利润，而且指出资本家为追逐利润，不愿意改善工人的劳动条件，甚至对于维护工人的生命安全和健康的最起码的支出都不愿意承担。他还多次强调，生产资料的节约"在资本手中却同时变成了对工人在劳动时的生活条件系统的掠夺，也就是对空间、空气、阳光以及对保护工人在生产过程中人身安全和健康的设备系统的掠夺，至于工人的福利设施就根本谈

① 马克思恩格斯文集：第7卷[M].北京：人民出版社，2009：289.

不上了"①。

第三，马克思在《资本论》进一步揭示了工人生存环境的恶化，而且指出由于工业对农业的剥削造成了农村土地的贫瘠，城乡阻隔最终造成了人类社会和自然之间的物质和能量交换关系的中断。人类社会的存在和发展，离不开以人类劳动为中介的人类和自然之间的物质变换，但是由于一方面资本把自然看作上天给予的免费馈赠，人和自然的关系被简化为征服和支配的关系，自然被归结为被动服从于人的目的的存在物。这种对自然的过度使用和征服必然导致自然的反抗。另一方面，资产阶级为了追逐利润的需要，对自然资源采取掠夺式使用，最终结果必然是破坏人类与自然之间的物质变换过程。"资本主义生产使它汇集在各大中心的城市人口越来越占优势，这样一来，它一方面聚集着社会的历史动力，另一方面又破坏着人和土地之间的物质变换，也就是使人以衣食形式消费掉的土地的组成部分不能回到土地，从而破坏土地持久肥力的永恒的自然条件。这样，它同时就破坏城市工人的身体健康和农村工人的精神生活。"②"资本主义农业的任何进步，都不仅是掠夺劳动者的技巧的进步，而且是掠夺土地的技巧的进步。在一定时期内提高土地肥力的任何进步，同时也是破坏土地肥力持久源泉的进步。"③

四、新陈代谢断裂论

新陈代谢断裂理论是北美生态马克思主义学者约翰·贝拉米·福斯特对马克思文本进行深度概括而来的。在他看来，马克思的著作中蕴含着大量的生态学思想，其中新陈代谢断裂理论是马克思生态思想中最有代表性的，也是马克思生态思想的核心所在。与其他生态马克思主义学者的立场不同，福斯特详尽地阐述了马克思的新陈代谢断裂思想，阐明了马克思对

① 马克思恩格斯文集：第5卷[M].北京：人民出版社，2009：491.

② 马克思恩格斯文集：第5卷[M].北京：人民出版社，2009：579.

③ 马克思恩格斯文集：第5卷[M].北京：人民出版社，2009：579-580.

资本主义的批判深入到了人与自然的关系领域，从政治经济学的角度揭示出马克思自然观的生态性。这都说明了新陈代谢断裂思想在马克思人与自然的关系中的根本地位，对于我们认识马克思主义生态理论的内涵提供了重要参考价值。

（一）新陈代谢断裂论的由来

“新陈代谢”一词最早出现是在1815年，主要含义是指动物和植物为维持生命，在生命有机体内进行物质转换的过程。随后，这个生理学名词就广泛流行于生理学、化学、农学等自然科学领域。正如恩格斯指出的，通过摄食和排泄来实现的新陈代谢是一种自我完成的过程。

新陈代谢被视为生命的主要机能，是有机体最一般和最显著的现象。马克思提出新陈代谢概念主要受到两个人的影响，即摩莱萧特和李比希。在法兰克福学派第二代重要代表人物阿尔弗雷德·施密特（Alfred Schmidt）的著作《马克思的自然概念》中，他提到荷兰生理学家、哲学家摩莱萧特（Jacob Moleschott）及其通俗著作《生命的循环》。他认为，摩莱萧特把自然描绘成一个物质变换过程。摩莱萧特指出：“人的排泄物培育植物，植物使空气变成坚实的构成要素并养育动物。肉食动物靠草食动物生活，自己成为肥料又使植物界新的胚芽得到发展。”[①]“我毫不隐讳地明确地说，物质变换理论是使今日之哲学绕着它转动的轴心。”[②]他描述了一个自然界的生物物质循环过程，同时，他又把这个过程视为宇宙哲学之“轴心”，可见，他极其重视物质变换的新陈代谢过程在自然界运动中的地位及作用。施密特认为，马克思批判地继承了摩莱萧特的自然变换概念，把它作为永恒的自然必然性来谈，某种程度上还把它提升到本体论的地位。可以说，施密特的思考给后来研究者提供了思想启发。

影响马克思的另外一个人是德国农业化学家李比希，他提出的“新陈代谢”，应用比较宽泛，从而使得这个概念很快拓展它的应用范围。他以

① A.施密特.马克思的自然概念[M].欧力同，吴仲昉，译.北京：商务印书馆，1988：89.

② A.施密特.马克思的自然概念[M].欧力同，吴仲昉，译.北京：商务印书馆，1988：89.

组织退化的背景阐释了新陈代谢过程，并且指出在生物化学的发展过程中，这个概念既可以用来分析细胞，也可以分析整个生物体，使整个概念具有了普遍意义。事实上，李比希的概念，已经成为研究有机体与它们所处的环境之间相互作用的系统方法。可见，“新陈代谢”这个概念最早出现在自然科学领域，摩莱萧特的概念具有纯粹的生物学意义，其中夹杂着他的自然观思考；李比希以新陈代谢为视角，探讨了土壤的营养成分物质循环的问题，相较于一般学者而言，他的概念具有生理学和农学意义。马克思在研究经济学问题时因为关注生产的自然条件和土壤问题，受到以上两种思想的影响，在全新含义上使用了新陈代谢概念，继而提出了资本主义新陈代谢断裂思想。

（二）新陈代谢断裂论的马克思主义解读

马克思不是自然科学家，他没有单纯从自然生态系统角度考察新陈代谢概念，而是关注资本主义的生产活动中人与自然的关系，因此，他从定义劳动入手，来说明“新陈代谢”这个概念。他说，劳动首先是人和自然之间的过程，是人调整和控制人和自然之间的物质变换的过程。为了占有自然物质，人就使他身上的自然力运动起来。这样的劳动过程是人和自然之间的物质交换的一般条件，是人类生活中永恒的自然条件。通过劳动的定义，马克思利用“新陈代谢”来描述以劳动为中介的人和自然的关系。其实，在这之前的《1861—1863年经济学手稿》中，马克思已有了相似的思想。当马克思重新提出这个概念时，他超越了这个概念在自然科学中的纯粹的生物学意义，赋予它崭新的内涵。马克思在人类思想史上，第一次把劳动作为人与自然的中介，使劳动过程同人与自然之间的物质交换过程实现了本质的统一。将劳动确立为人与自然新陈代谢关系的基础，将人的生产的自然生态过程和社会经济过程有机地结合在一起，将人与自然之间的关系和自然界有机生物体与环境之间的关系相比较，我们会发现二者的紧密关联。这种关联的相同之处是人—社会—自然构成一个复合的生态系统，作为自然的肉体的存在，人类为了生存与自然环境之间进行持续不断的能量和物质交换，这是一种受到来自自然规律的控制与调节；这种关联的不同之处是人同时又是社会的历史的存在，所以人的生产活动具有社会历史性的特征，受到来自社会方面的控制着劳动分工和财富分配等的制度化规范的调节，这两个方面的特点使得人—社会—自然之间的关系带有社会—生态的特点。这样，自然生态系统内的新陈代谢成功地转换为人与自然的新陈代谢过程。

资本主义工业化农业是一种“掠夺性农业制度”，它完全不顾建立在“归还原则”基础上的“理性农业”的要求，暴露出资本主义农业的反生态性。根据李比希的观点，由于土壤每年都会流失大量养分，如果土壤不能得到经常性的营养补充，那么土壤中无机物质的流失将无法弥补，因为自然本身无法提供充足的无机物质。如果想要农业可持续性发展，人们就必须将植物吸收掉的无机物质再返还到土壤中去。这就是李比希所指称的“归还原则”。马克思认为，李比希的观点揭示了资本主义工业化农业的缺陷，具有非常重要的意义。他批判地继承了李比希的主要观点，并在1866年给恩格斯的信中说，他在写《资本论》第三卷批判地租理论的过程中，李比希新农业化学观点给了自己极大的思想启发。

据日本学者斋藤幸平的《马克思生态学笔记》一文称，根据新发现的史料考证，马克思并不是一开始就接受李比希的观点的，因为在19世纪40年代初，李比希对土壤新陈代谢断裂的分析，还非常乐观，主张使用化学矿物肥料使农业保持可持续性。然而，在1862年版的《农业化学》中，尤其是在新版序言中，李比希的态度发生了变化，开始强调现代农业的破坏作用。由此，马克思才觉得需要用“一个新的角度”来审视李比希提出的问题。19世纪60年代开始，马克思系统地研究资本主义土壤肥力和土地的“剥削”问题，并明确提出了“新陈代谢断裂”思想。他在《资本论》第一卷中指出：“资本主义生产……破坏着人和土地之间的物质变换，也就是使人以衣食形式消费掉的土地的组成部分不能回到土地，从而破坏土地持久肥力的永恒的自然条件。”[①]马克思在《资本论》第三卷中有如下精辟论

① 马克思恩格斯全集：第23卷[M].北京：人民出版社，1972：552.

述："大土地所有制使农业人口减少到一个不断下降的最低限量，而同他们相对立，又造成一个不断增长的拥挤在大城市中的工业人口。由此产生了各种条件，这些条件在社会的以及由生活的自然规律所决定的物质变换的联系中造成一个无法弥补的裂缝，于是就造成了地力的浪费，并且这种浪费通过商业而远及国外……大工业和按工业方式经营的大农业共同发生作用。如果说它们原来的区别在于，前者更多地滥用和破坏劳动力，即人类的自然力，而后者更直接地滥用和破坏土地的自然力，那么，在以后的发展进程中，二者会携手并进，因为产业制度在农村也使劳动者精力衰竭，而工业和商业则为农业提供使土地贫瘠的各种手段。"①

马克思认为，大城市的出现，致使农产品源源不断地向大城市运送，城市里的人们消费后的排泄物、废弃物不能回归农村，回归给提供它们的土地，久而久之，土壤就由于缺乏营养而更加贫瘠。19世纪，新陈代谢的断裂最早出现在人和土地之间的交换。随着资本主义工商业的发展，人与自然之间的新陈代谢断裂的问题逐渐增多。比如，化学工业的发展，使得自然中的很多物质发生了质变，人们可以通过科技手段提取自然物质中的各种元素成分，又不断合成新的物质。而这些被新"制造"出来的物质，有很多是短时间内无法回归自然的，更严重的是，有的即使是很长时间也不能被自然所消解，从而形成了人与自然新陈代谢的断裂，这种断裂造成的生态问题，影响着生活在地球上的所有公民的生活。关于资本主义新陈代谢断裂造成的后果，马克思也谈到，"资本主义农业的任何进步，都不仅是掠夺劳动者的技巧的进步，而且是掠夺土地的技巧的进步，在一定时期内提高土地肥力的任何进步，同时也是破坏土地肥力持久源泉的进步……因此，资本主义生产发展了社会生产过程的技术和结合，只是由于它同时破坏了一切财富的源泉——土地和工人。"②我们可以看到资本主义农业新陈代谢断裂造成的后果，一方面是对土地的掠夺，即无法归还土壤的营养物质，使土壤愈加贫瘠；另一方面是对劳动者——农业工人自然力的掠夺，

① 马克思恩格斯全集：第46卷[M].北京：人民出版社，2003：918-919.

② 马克思恩格斯文集：第5卷[M].北京：人民出版社，2009：579-580.

资本主义农业进步的同时破坏了一切财富的源泉，也就是说这种资本主义农业的生产经营是建立在人和自然的对立和分裂的基础之上。

（三）新陈代谢断裂论的启示

社会与自然之间的关系是丰富而复杂的，这也是我们思考和解决当前人类面临的生态和环境问题时最需要严肃对待的课题，因为我们面对的生态问题首先是人与自然之间的物质和能量的关系转换问题。马克思把新陈代谢概念的使用范围扩展到社会与自然之间的关系体中，无疑是他和恩格斯创立的辩证唯物主义和历史唯物主义方法立场的必然逻辑结果，马克思主义的科学性和实践品质保证了马克思的新陈代谢理念在当今也必将发挥巨大的解释力与说服力。

第一个启示是，积极关注新陈代谢在人类社会领域中的地位与角色。社会领域的新陈代谢主要是指商品的使用价值通过交换进而通过消费而消失的变换过程，马克思所论述的社会领域新陈代谢更多的是指资本主义社会。在资本主义社会，马克思既赋予“新陈代谢”以自然科学含义，又赋予与之密切相关的政治经济学意蕴，这两层含义以社会生产劳动结果即商品为媒介，并统一于商品生产、分配、交换和消费的全过程。只有通过交换，商品的使用价值才能实现，即通过“社会的物质变换”，才能实现社会领域物质层面的“新陈代谢”，也即前述自然界的“新陈代谢”。但是，社会领域的新陈代谢不仅局限于“交换”而发生的商品所有权的变更，更多的是要通过“消费”使商品使用价值消失。因而，马克思关注的焦点应是消费领域的新陈代谢。如果仅仅是考察交换领域，那“只是从形式方面考察全部过程，就是说，只是考察对社会的物质变换起中介作用的商品形式变换或商品形态变化”①。可见，马克思这里的“新陈代谢”思想已经脱离了它的自然科学意义上用来表述物质和能量运动的内涵，而具有了政治经济学和社会学的意蕴。最终，“这一整套交换行为，从使用价值来看，

① 马克思恩格斯文集：第5卷[M].北京：人民出版社，2009：125.

是物质变换，从价值本身来看，则是形式变换”[①]。由此可见，在研究资本主义社会时，马克思自觉地把新陈代谢概念与“商品”“商品交换”和“商品消费”等概念结合起来分析资本主义社会生产现象，这种理论自觉是马克思运用唯物主义历史观和自然观的结果。这些概念的综合运用一方面使得马克思能够深入地、彻底地揭示资本主义的经济运行规律，另一方面，为研究资本主义生产方式与自然界之间的关系创建了概念工具，为批判资本主义生产方式对自然的破坏提供了理论方向和基础。

马克思用“新陈代谢”深刻、全面地揭露了资本主义社会对自然及自然与社会的关系所造成的巨大破坏。在马克思看来，资本主义社会之所以会发生新陈代谢断裂，进而导致自然异化，其终极原因在于资本主义生产方式的基础是生产资料私有制。正如福斯特指出的那样，马克思之所以用“新陈代谢断裂”这一概念，在于他用这一概念来描述资本主义社会领域新陈代谢的过程中存在必然的、明显的、不可挽回的断裂，即由于私人占有制的存在，就必然导致土壤再生产的必需条件持续被切断，进而打破了自然本身及其与社会之间的新陈代谢的循环。

第二个启示是，始终坚持对资本主义新陈代谢断裂的深刻根源予以批判。对于资本主义生产活动给自然环境所带来的破坏和干扰，特别是欧美主要资本主义国家的生产活动对环境的破坏性影响，马克思恩格斯尤为关注，并进行了深刻的洞察和分析。他们指出，由于资本家生产活动的短视，所以给森林、水土、工人的生活和生产环境等方面带来了巨大的伤害，导致了新陈代谢断裂，由此造成环境恶化。首先，资本主义的“文明”生产活动对森林的养护和生长根本未起到应有的保护作用，反而破坏了森林、土地，使水土严重流失。如美索不达米亚、小亚细亚等地的居民为得到耕地，大肆砍伐森林，最后的结果就是土地荒芜，水土流失；导致一到多雨时期就洪水肆虐，一遇到干旱年头小河就干涸。其次，资本主义的“文明”生产方式严重毁坏了土地的生产力和工人的生产力。为什么会这样呢？马克思指出，这是由于资本主义生产使人口越来越集中于大中城

① 马克思恩格斯全集：第46卷（下）[M].北京：人民出版社，1980：143.

市，因而人和土地之间的物质变换就被打断，就不能调节人与土地之间的生产，原来在土地上进行生产的人们不再在土地上进行生产，这一方面使土地的肥力得不到补充，土地生产力遭到破坏；另一方面，从事农业生产的人口不断下降，大量的人口拥挤在城市，造成人口过剩，工人的生产能力也遭到破坏。这就会人为地在土地与工人之间造成一种无法弥补的裂缝，这种情况不仅造成了地力的浪费，也造成了人类自然力的浪费，使土地日益贫瘠。最后，资本主义“文明”的生产方式使工人的生产环境和生活环境遭到严重破坏。从生活环境来看，工人缺乏营养、缺乏必要的衣物和燃料、居住面积狭小，极易引起疾病或加重疾病；从生产环境来看，工人工作的地方排水沟最坏、交通最差、水供应不充分最不清洁、阳光和空气也最缺乏。

可见，马克思主要是从人类社会生产角度探讨新陈代谢断裂的根源，尤其是资本主义社会的生产活动导致的新陈代谢断裂。这可以从两个层面来厘清：从直接原因来看，是由于城乡分离和远距离贸易造成的。自然的运行规律要求土壤营养成分循环回归，即取于斯还于斯，然而社会领域的新陈代谢过程却因为城乡分离和远距离贸易使得人们消费掉的土地成分，尤其是土壤的营养成分不能够完整回归，经过几个轮回之后，土壤的构成要素必然会发生异化，就会导致土壤肥力下降、土地贫瘠。从根本原因来看，是由于资本主义私有制下的生产方式所导致的。用福斯特的话来讲，由于资本主义生产方式进行生产的唯一逻辑就是资本，即获取更多的剩余价值或称之为资本逻辑。因而，资本主义积累的逻辑无情地制造了社会与自然之间的新陈代谢的断层，切断了自然资源再生产的基本进程。马克思指出，“是资产阶级赖以生存和统治的基本条件是财富积累在私人手里，是资本的形成和增殖”①。资本之所以存在，在于资本主义雇佣劳动制的存在。而雇佣劳动制的存在又是以无数的彻底无产者的存在为前提，而无数的彻底无产者的存在又是以大土地私有制为前提的。资本主义土地私有制若是不瓦解人与土地间的客观关系及人对土地的所有者关系，自由劳动

① 马克思恩格斯全集：第4卷[M].北京：人民出版社，1958：478.

同劳动手段和劳动资料即自由劳动赖以实现的客观条件就不可能普遍地分离；这些分离若是不能普遍地实现，资本主义雇佣劳动制就不可能产生和持续维持下去。从历史上看，劳动者与生产资料的分离开始于14世纪的圈地运动，这也是资本家进行“原始积累”的最初的主要手段。农民失去了土地，变成了产业工人，为资本的运动和增值准备了劳动力，生产资料越来越集中在少数资本家手中，资本主义大私有制由此形成。就这样，资本主义生存和发展的必要条件诞生了。

一般而言，资本主义生产过程既与一般商品生产过程具有相似性，即通过劳动生产出使用价值，又具有自身的特殊性，表现为通过使用劳动力这种特殊的商品实现价值的增值。所以，资本主义的生产过程是“劳动过程和价值增殖过程的统一”①。在资本主义生产过程中，价值形成过程和价值增值过程主导着劳动过程，即主导着人与自然之间的物质变换过程。价值增值过程使人与自然之间正常进行能量变换，而价值增值过程则打乱了人与自然间的平衡，成为资本主义新陈代谢断裂的主要原因。在资本逻辑下，资本主义进行生产的目的不是服务于人的真正的、普遍的、自然的需要，而是追求最大利润。商品生产和商品消费越快越多，资本增值过程越快，利润越多，利润最大化越容易实现。然而，从物质和能量的新陈代谢角度来看，卷入到新陈代谢过程中的物质和能量的数量必然越来越多，越来越快。当由资本增值过程支配的新陈代谢过程超出自然界的自身调节能力和范围时，各种类型的新陈代谢断裂现象必然发生。自19世纪以来一直到当下，资本主义生产已然导致并在延续新陈代谢断裂。

第三个启示是，善于运用解决新陈代谢断裂的方式积极构建未来共产主义社会中人与自然的关系。既然新陈代谢断裂的主要根源是资本主义社会私有制下的生产方式，那么消除新陈代谢断裂现象的唯一出路则在于消灭资本主义私有制，构建共产主义社会。在《资本论》中，马克思借助新陈代谢概念，利用唯物主义方法论，通过综合研究资本主义社会从生产、流通到剩余价值产生的全过程，给出了解决思路：第一，生活在社会中的

① 马克思恩格斯选集：第2卷[M].北京：人民出版社，2012：180.

人、从事生产的生产者要联合起来；第二，联合起来的人们要合理调节、共同管控人与自然间的物质能量变换过程，不让它们成为异己的力量统治人自身。这样一来，“靠消耗最小的力量，在最无愧于和最适合于他们的人类本性的条件下来进行这种物质变换”[①]。“生活在社会中的人、从事生产的生产者的联合”意味着废除资本主义生产资料私有制，只有消灭了资本主义私有制，生产者才能真正地实现联合，释放出社会生产力，共同管理和控制人与自然及社会之间的新陈代谢过程。

第二节　马克思恩格斯生态理论的主要特征

马克思恩格斯生活的19世纪是资本主义发展过程中的自由资本主义时期，也是工业革命展现巨大生产力勃发的时期，同时更是生态环境问题开始大规模出现的阶段，这一独特的社会发展背景也为马克思主义生态理论的形成提供了重要的现实条件。换言之，在19世纪，马克思恩格斯生态理论呈现出鲜明的时代特点，譬如从政治经济学研究视角观察和分析社会生态问题，重视资本主义批判性思维方法，彰显出鲜明的自然唯物主义理论品格。

一、独特的政治经济学研究视角

马克思主义生态理论在19世纪形成过程中，具有非常独特的政治经济学研究视角。尽管当时在很多著作未曾出现专门的生态著作，或相关的生态经济学著作，但马克思在很多论述中都已经关涉到价值、商品以及物质变换之间的规律法则，换言之，当时马克思已经运用商品经济规律解释和探索生态问题的解决路径。

首先，马克思在《资本论》及其手稿中，运用唯物史观分析考察资本

① 马克思恩格斯文集：第7卷[M].北京：人民出版社，2009：928-929.

主义条件下资本支配劳动以及具体劳动和抽象劳动、财富和积累、使用价值和交换价值的关系，揭示了资本主义经济关系的本质和资本主义经济活动规律。尽管生态问题并不是马克思经济学研究的主题，但是不可否认，伴随着工业文明的凯歌行进，追求利润最大化的资本主义经济对待自然的敌意，即为了攫取剩余价值而过度开采自然资源，造成原材料短缺、土壤破坏等自然力供给不足等问题，已经进入到马克思的理论视域。马克思政治经济学批判中确有关于如何扬弃资本主义所造成的人与人之间和人与自然之间的异化的大篇幅论述，存在着从生产方式或社会制度层面来探讨生态问题的理论框架，这主要体现在他的劳动实践观、物质财富观、经济生态观、适度消费观、资本价值观和社会正义观之中。马克思的政治经济学批判为后人留下了关于解决生态问题的丰厚思想资源和巨大理论阐释空间，为我们建设社会主义生态文明提供了科学的理论指导。

其次，劳动价值论的创立，为揭示商品物化以及商品本质的内涵，提供了重要线索。在马克思的经济学视域中，“价值”是一个与商品和商品经济相伴随、关涉人与人之间经济关系的特有范畴。马克思非常重视自然物质在商品生产中的基础性作用，并从使用价值和价值两个角度考察了自然资源和自然条件在财富创造和影响剩余价值率高低方面所起的作用。显然，马克思的劳动价值论强调劳动是价值的唯一源泉，自然资源有无价值，主要取决于能否为社会生产提供原料、是否投入了人类劳动。资本主义将人类的财富生产方式转化为商品生产方式，将使用价值变成交换价值，于是，人与自然的关系也随之变成工具性的关系，自然的本质完全被实用化了，所以，只有在资本主义制度下，自然界才“真正是有用物”①，即服从于人的需要的“消费品”和“生产资料”。与此同时，自然满足人们精神的、情感的、艺术的、审美的等多方面需求则被遮蔽，资本效用原则必然导致生态系统的破坏。

再次，循环经济的理路在马克思主义生态理论中逐步凸显出来。一方面，马克思虽未使用过“循环经济”这个概念，但是，他在《资本论》中

① 马克思恩格斯全集：第30卷[M].北京：人民出版社，1995：390.

提出的“合理调节人与自然之间的物质变换”以及废物资源化、“生产排泄物的充分利用”、资源自然力循环利用等思想，实际上已把社会经济过程植入自然生态过程中，内含着循环经济观念的萌芽，反映了马克思本人的经济生态观，具有科学性、前瞻性和实践价值。另一方面，马克思阐述了节约资源的原则。一是要重视源头控制，提高生产原料利用率，尽可能减少进入生产和消费流程的资源消耗，实现资源投入最小化。二是要重视生产的过程控制，通过原料的重复利用减少生产和消费过程的资源消耗和废物排放。

最后，马克思阐述了经济循环与生态循环相互融合的可行性。其一，科技进步、机器的改良和大规模社会劳动是实现资源自然力循环利用的前提条件。在马克思看来，废弃物的再利用和再循环追求规模效益，但这一切必须依赖于生产力的提高、科技的进步和机器的改良，况且，追求剩余价值的动机也会不断刺激资本家进行技术创新。其二，制度变革是实现循环经济的最终手段。马克思在《资本论》中曾严厉批判资本主义社会对废弃物、排泄物的处理不当。他认为，要解决废弃物、排泄物所造成的环境污染，就需要依靠科技进步。然而，在资本主义社会，解决方法仅仅围绕着有用性，只有当科学家发现了它们的效用且可以使资本家得到更多物质利益，或是原料太昂贵时，资本家才会局部地处理它们。所以，生态危机症结主要在于资本主义社会生产生活方式。必须通过制度变革，改变资本主义性质的物质变换形式，“合理地调节他们和自然之间的物质变换，把它置于他们的共同控制之下……靠消耗最小的量，在最无愧于和最适合于他们的人类本性的条件下进行这种物质变换”[①]。从今天意义上看，就是要遵循“减量化”“再利用”和“再循环”的原则，进行集约化生产，发展循环经济，实现社会经济持续发展。

应该说坚持用政治经济学的研究视角分析资本主义社会的生态问题，是马克思主义生态理论的原创，也是马克思主义在生态理论方面探索创新的直接表现之一，为后来坚持马克思主义辩证分析方法奠定了基础。

① 马克思恩格斯文集：第7卷[M].北京：人民出版社，2009：928-929.

二、重视资本主义批判思维方法

生态危机是资本主义总体危机的表现和表征。面对生态危机，马克思主义并非单纯地诉诸物质基础（工业文明）、伦理规制（人类中心主义）、思维方式（形而上学）的批判，而是科学地揭示出了危机背后深刻的社会制度根源，坚持重视对资本逻辑的批判。正是在这一意义上，马克思主义生态理论非常倚重资本主义批判思维方法。

马克思主义对生态危机的批判主要集中于探究其背后的社会制度成因，认为生态危机是资本主义制度的内生危机。人与自然的关系既受一般社会关系的制约，也受具体历史形式的限制，尤其是受社会形态的把控。在资本主义社会，人与自然的关系呈现出复杂的状况，具有明显的二重性。一方面，人与自然之间的物质变换水平迅速提高。由于资本主义建立在先进的机器大工业体系的基础上，促进了社会生产力的高度发展，因此，资本主义创造的物质财富超过了以往一切时代的总和。在此作用下，人与自然的物质变换水平全面提升。另一方面，人与自然之间的物质变换秩序遭到严重破坏。与以往的一切时代相比，“只有在资本主义制度下自然界才真正是人的对象，真正是有用物；它不再被认为是自为的力量；而对自然界的独立规律的理论认识本身不过表现为狡猾，其目的是使自然界（不管是作为消费品，还是作为生产资料）服从于人的需要”①。这样，在资本逻辑的逼问和强迫下，人类生存的永恒的自然条件就被剥夺了，于是生态危机产生了并且危害不断加剧。

在资本逻辑的主宰下，生态危机是由一系列复杂原因造成的复合问题。第一，生态危机的经济根源。资本主义是按照市场化方式推进产业化的，实现剩余价值是其唯一目的。大工业和按产业化经营的大农业共同发生作用，向自然无限地索求和长期地排放废物废料，这成为破坏人与自然物质变换的重要原因。这里需要强调的是，产生破坏性影响的是资本主义工业

① 马克思恩格斯文集：第8卷[M].北京：人民出版社，2009：90-91.

化道路，而非一般的工业化或工业文明。第二，生态危机的政治根源。为资本家追求和实现剩余价值服务是资本主义政治的轴心。资本主义的民主和法制造成了工人和自然的对立，剥夺了工人阶级和劳动人民的资源所有权和资源权。只要能够带来剩余价值，工人的环境权和“自然的权利”都可以忽略不计。第三，生态危机的文化根源。在资本主义社会中，极端个人主义、利己主义和拜金主义是占主导地位的价值观念，形而上学是占主导地位的思维方式，二者相互叠加必然导致人们以急功近利的方式对待自然。在私有制社会中，根本不存在人类中心主义，资产阶级价值观念和思维方式才是根本要害。同时，“资产阶级的社会科学，即古典政治经济学，主要只研究人以生产和交换为取向的行为在社会方面所产生的直接预期的影响”①。至于其对自然的长期影响，不是其考虑的问题。显然，古典经济学是敌视自然的，至少存在着一个生态学空场。第四，生态危机的社会根源。资本主义城市化同样是以盲目方式发展的。空间异化是生态异化的重要根源。人口在空间上的片面集聚和快速流动，超过了自然的生态阈值，而资本主义对它的放任自流不仅拉大了“三大差别”，而且使人以衣食形式消费掉的土地的组成部分不能回归土地，造成了人与自然之间物质变换的断裂。从总体上看造成生态危机的原因，工业文明、人类中心主义、机械主义只是表象，资本逻辑才是实质所在。

生态灾难或生态危机本质上是一个社会问题或者政治问题，马克思主义透过资本主义的生产关系看到了资本主义反生态性的本质。在这个意义上，我们可以说马克思主义是抓住了生态危机的实质，将之视为资本主义总体危机的表现和表征，揭开了资本逻辑的生态批判序幕。马克思、恩格斯对生态危机的批判，绝不是为了批判而批判，而是致力于探寻潜藏于其后的种种奥秘。在深刻揭示当时资本主义社会自然生态危机和社会生态危机等种种丑恶现象之后，马克思、恩格斯又从多个方面对导致生态危机的根源进行了剖析。

一是阶级根源，即资本的无限扩张及资本家唯利是图和贪得无厌的本

① 马克思恩格斯文集：第9卷[M].北京：人民出版社，2009：562.

性。资本的本性即追逐剩余价值，不断增值自身。马克思说："资本只有一种生活本能，这就是增殖自身，获取剩余价值……"[①]一旦没有利润，资本就会害怕，如同自然界害怕真空一般。哪里有利润，哪里能赚钱，资本就会把触角伸向哪里。而作为资本化身的资本家，他只是"人格化的资本"，没有真正的灵魂。为了使资本增值，资本的所有者——资本家展开了激烈的竞争，盲目扩大生产规模，提高劳动强度，不断提高劳动生产率，以获取更多的剩余价值。这样，资本主义社会资本家与工人的关系就直接蜕变为赤裸裸的经济关系和纯粹的资本与劳动的关系。在资本家疯狂追逐高额利润的同时，不仅造成了人与人之间关系的扭曲，而且也使自然从属资本的需要，导致生态环境的严重破坏。资本家甘愿拜倒在利润的脚下，至于工人身心是否受到伤害，自然环境恶化到什么程度，这是他们丝毫不会关心的事情。

二是制度根源，即资本主义生产方式及建立在其基础之上的资本主义制度。人与自然的关系表现为人与人、人与社会的关系，人与自然的关系受到社会制度的制约。资本主义生态危机从本质上看就是以榨取剩余价值为目的的资本主义生产方式，以及建立在资本主义私有制基础上的资本制度造成的。资本主义生产方式的绝对规律就是生产剩余价值或赚钱。在利润驱使下，资本家不择手段、不惜一切代价实现剩余价值最大化，其结果必然带来人与人、人与自然之间关系的对立与冲突，广大工人阶级备受摧残，自然生态环境遭到毁坏，从而造成严重的生态危机。正是资本主义生产逐利的本质导致人与自然的对立与分离，而这种对立与分离又与城乡的对立与分离密不可分。资本主义社会对财富的贪欲使得整个生产经常处于无政府状态，不可避免地导致自然资源的破坏和生态环境的恶化。在实质上是其社会化大生产与资本主义私人占有制之间的这一社会基本矛盾的体现，使得资本主义国家出现周期性经济危机，人为地浪费大量社会财富，自然资源遭到浪费与破坏，生态系统失衡凸显。

三是经济技术根源，即科学技术的"资本主义应用"和"工业的资本

① 马克思恩格斯全集：第23卷[M].北京：人民出版社，1972：260.

主义性质”。马克思和恩格斯很早就注意到科学技术面对经济与人类生活的双面性质。所谓科学技术的“资本主义应用”主要是指在资本的逻辑下，科学技术原有的表现人的本质的正面能量的东西被抽掉了，科学技术蜕变成资本榨取工人生产剩余价值的手段和工具，科学技术异化为资本肆意增值和致富赚钱的手段，比如与资本主义生产目的相一致，科学以异己的力量与自然相对立，也与人相对立。工业机器的广泛使用为资本家创造了更多的剩余价值，也使工人更加贫困，对自然的掠夺更加猖獗。为了转嫁生态包袱，资本家总是在不断地调整产业布局，创造新的城市。

四是认识根源，即“主客二分”的思维谬误及认识上的盲目乐观。近代工业革命带来了资本主义工业文明与物质技术的巨大进步，加上近代自然科学的巨大发展，人们对自然界的认识能力和改造能力取得了突破性进展，从而引起人们对自然观的重大改变。但是由于资本主义工业文明是建立在私有制基础上的，这种人与自然对立、“主客二分”的机械自然观，其弊端是非常明显的，由于缺乏系统的和整体的思维而产生的思维谬误，片面地强调人对自然的影响和自然规律对人的制约作用。恩格斯明确指出这种机械自然观的思维谬误，“那种关于精神和物质、人类和自然、灵魂和肉体之间的对立的荒谬的、反自然的观点……自古典古代衰落以后出现在欧洲并在基督教中得到最高度的发展”①。对此，恩格斯早就对人类盲目乐观的短视行为发出过严重的警示：“我们不要过分陶醉于我们人类对自然界的胜利。对于每一次这样的胜利，自然界都对我们进行报复。每一次胜利，起初确实取得了我们预期的结果，但是往后和再往后却发生完全不同的、出乎预料的影响，常常把最初的结果又消除了。”②

三、鲜明的历史唯物主义品格

马克思在自然领域从未缺场，并且还具有鲜明的自然唯物主义品格。

① 马克思恩格斯文集：第9卷[M].北京：人民出版社，2009：560-561.

② 马克思恩格斯文集：第9卷[M].北京：人民出版社，2009：559-560.

马克思从青年时期到晚年，无论是早期的《1844年经济学哲学手稿》《德意志意识形态》《共产党宣言》，还是后期的《资本论》等著述，一直在关注自然领域，对自然问题的阐述都涉猎其中。自然在历史唯物主义构建中的作用不可缺失。在马克思的著作中有比其他一些零散的生态学家更加详细的对生态学的关注。人类与自然间的新陈代谢或称物质变换关系是贯穿整个马克思学说的根本观点。马克思关于自然和新陈代谢的观点为解决今天生态学的诸多问题，提供了一个唯物主义和社会历史学的视角。“体系上的不完整并不掩盖思想上的深邃和洞见”①，可以说，马克思的自然观蕴含着丰富的生态伦理思想，是一种有着丰富生态哲学意蕴的辩证自然观。甚至主张“重构”历史唯物主义的奥康纳也认为，马克思主义具备一种潜在的生态学社会主义的理论视域，“在他们的视域中，人类历史和自然界的历史无疑是处在一种辩证的相互作用关系之中的；他们认知到了资本主义的反生态本质”②。

首先，历史唯物主义隐含着自然的优先性和人的自然本质这个前提，强调自然作为人类社会形成基础的重要性。“历史本身是自然史的一个现实部分，即自然界生成为人这一过程的一个现实部分。”③在历史唯物主义看来，自然的优先性不是精神性和思辨性的，而是呈现为人类生存和历史发展的最基本的物质前提：“没有自然界，没有感性的外部世界，工人什么也不能创造。”④一方面，马克思认为“人直接地是自然存在物”⑤，从生理基础上来讲，人作为普通的生命个体，在进行基本的衣食住行等生存活动时，需要从自然中获取人的直接的生活资料，在改造自然的过程中也需要从自然中获取人的生命活动的对象（材料）和工具。正如马克思所

① 廖志丹，陈墀成．马克思恩格斯生态哲学思想：中国生态文明建设的哲学智慧之源[J]．贵州社会科学，2011(1)：9.

② 詹姆斯·奥康纳．自然的理由：生态学马克思主义研究[M]．唐正东，臧佩洪，译．南京：南京大学出版社，2003：6.

③ 马克思恩格斯文集：第1卷[M]．北京：人民出版社，2009：194.

④ 马克思恩格斯文集：第1卷[M]．北京：人民出版社，2009：158.

⑤ 马克思恩格斯全集：第42卷[M]．北京：人民出版社，1979：167.

说，“自然界，就它自身不是人的身体而言，是人的无机的身体。人靠自然界生活。这就是说，自然界是人为了不致死亡而必须与之处于持续不断的交互过程的、人的身体”[①]。另一方面，马克思在《德意志意识形态》中基本形成了历史唯物主义思想，强调人类历史的第一个前提是“有生命的个人的存在”所进行的满足基本生存需要的物质生产活动，“个人”意味着“这些个人的肉体组织以及由此产生的个人对其他自然的关系”[②]。这说明历史的第一个活动的前提既来自作为人肉体存在的个人，也来自人生活的周围自然环境，即山川湖泊等自然地理、自然气候条件。可见，无论是最原始的人类个体生存，还是人类社会历史文明进程，都离不开为人类生存和生产活动提供物质基础的自然。人类的存在发展离不开自然这个前提，人始终身处于自然之中，作为“自然之子”而存在。显然，作为历史唯物主义的主体——人和社会，离不开自然，受自然的制约。

其次，历史唯物主义理论架构中生产力与生产关系视域蕴含人与自然之间相互作用的关系。自从人出现之后，自然界形成了“人化自然”和“自然人化”的现状。正是在这一过程中，出现了作为人的本质的自然界、以社会为中介的自然界和作为历史物质基础的自然界。历史唯物主义站在生存论高度认为，生活在自然界中的人，无法放弃自然界的物质、能量和信息交换。至此，自然界的历史性就感性地呈现出来。随着生产力的发展，现实的个人必然是生活在一种复杂的、广阔的社会关系的人，人的自由的实现离不开人的社会关系，只能在人生活的自然界中追求。为了开展生产，孤立的个体形成一定关系，在这些关系中，人、社会、自然界联系在一起，成为一个不可分割的整体，在三者交互运动中共同形成丰富多彩的人类历史。由此，“在人类历史中即在人类社会的形成过程中生成的自然界，是人的现实的自然界”[③]。自然界的历史性质得以清晰产生，成为历史的自然。历史唯物主义因而警示人们，没有自然界，人类什么也无法

① 马克思恩格斯文集：第1卷[M].北京：人民出版社，2009：161.

② 马克思恩格斯文集：第1卷[M].北京：人民出版社，2009：519.

③ 马克思恩格斯文集：第1卷[M].北京：人民出版社，2009：193.

创造。也就是说，没有自然界，人类的活动就无法展开，就没有人类的历史。在人类的历史活动中，自然界成为人化自然界，成为人类历史的基础。在人与自然这些交互关系中，人对自然的依赖逐渐转化为人对自然的控制，马克思在对资本主义条件下人对自然的疯狂掠夺进行了历史的辩证的批判，同样也离不开历史唯物主义这块理论基石。

最后，历史唯物主义潜藏着人与自然关系和谐共存的终极路径。历史唯物主义在对资本主义社会生态问题的批判中作出了共产主义将实现自然主义和人道主义统一的回答。马克思的物质变换理论展现了其社会属性及其社会生产关系视角，进而深刻揭示资本主义生产方式导致物质变换“无法弥补的裂缝”。这个“裂缝”导致人与自然对立并酝酿着生态危机。“资本主义农业的任何进步，都不仅是掠夺劳动者的技巧的进步，而且是掠夺土地的技巧的进步，在一定时期内提高土地肥力的任何进步，同时也是破坏土地肥力持久源泉的进步。”①依照历史唯物主义的理论内核，对于生态危机的根本解答，必须通过变革社会制度才能实现，人与自然关系最终要回归于人与人之间关系的解读。由此，马克思为人类与自然关系的最终和谐给出了共产主义这个最佳答案。“这种共产主义，作为完成了的自然主义，等于人道主义，而作为完成了的人道主义，等于自然主义，它是人和自然界之间、人和人之间的矛盾的真正解决”②。生态问题将在共产主义社会得到解决。在未来的共产主义社会，人人都得到自由全面发展，人类不需要通过破坏自然界的方式来获取资源，也不需要通过倾轧和利用同类来获得利益，人的异化现象不复存在，人与人、人与自然的矛盾不复存在。当然，必须持续努力奋斗，共产主义美好蓝图才能实现。马克思重新确立了一种人与自然相处的模式。马克思视域下的人与自然关系超越了过去简单的非此即彼的主客体关系，自然与人不再对立，自然与人双方都充分地对象化。此时，“自然界失去了自己的纯粹的有用性，因为效用成了

① 马克思恩格斯文集：第5卷[M].北京：人民出版社，2009：579-580.

② 马克思恩格斯文集：第1卷[M].北京：人民出版社，2009：185.

人的效用"[①]。在最高级的共产主义状态中，自然在完成自身的过程中就充分实现了人类存在，人类更加注重自然界的生态功能，也尊重和维护自然界其他物种的生存和发展权益，这就是马克思说的完成了的自然主义和人道主义。受时代制约，马克思没有看到在社会主义社会中也存在环境危机，人与人、人与自然之间还未彻底和谐共存。这样，在社会主义阶段如何进行生态文明建构，也是当代马克思主义者要不断实践和探索的问题。

第三节 马克思恩格斯生态理论的时代价值

马克思恩格斯生活的19世纪是人类历史上一个重要分水岭，它不但是工业革命掀起人类生产力飞速发展的新高峰，而且也意味着生态环境问题开始显现，成为马克思主义生态理论形成的重要背景。叩问时代心声，需要关注重大议题，也离不开对马克思主义生态理论时代价值的全面理解和深入把握。

一、认识到人与自然之间关系动态平衡发展

第一，坚持人与自然之间的平衡发展是马克思主义的基本立场。马克思恩格斯强调要尊重自然，重视人与自然的关系。在他们看来，"人本身是自然界的产物，是在自己所处的环境中并且和这个环境一起发展起来的。"[②]列宁在哲学笔记中曾针对黑格尔的观点表达过类似的意见："不能用精神的发展来解释自然界的发展，恰恰相反，要从自然界，从物质中找到对精神的解释……"[③]列宁在批判资本主义破坏环境方面表现出同马克思恩格斯的完全一致性。他引用恩格斯的话表达了对资本主义大城市糟糕环

① 马克思恩格斯文集：第1卷[M].北京：人民出版社，2009：190.

② 马克思恩格斯文集：第9卷[M].北京：人民出版社，2009：38-39.

③ 列宁专题文集：论马克思主义[M].北京：人民出版社，2009：54.

境状况的厌恶和批评，“在大城市中，用恩格斯的话来说，人们都在自己的粪便臭味中喘息，所有的人，只要有可能，都要定期跑出城市，呼吸一口新鲜的空气，喝一口清洁的水”[①]。针对资本主义生产方式导致的工人生存环境恶化，列宁一针见血地指出：“说工人生活日益困难是由于自然界减少了它的赐物，这就是充当资产阶级的辩护士。”[②]列宁认为帝国主义对外扩张使殖民地原料被掠夺、生态环境被破坏，而这又源于垄断资本主义追求超额利润的生产目的。为此，他通过人造肥料的使用这个角度来阐述城乡资源循环利用的思想。他指出：“十分明显，人造肥料代替天然肥料的可能性以及这种代替（部分地）的事实，丝毫也推翻不了下述事实：把天然肥料白白抛掉，同时又污染市郊和工厂区的河流和空气，这是很不合理的。”[③]在这样的认识基础上，列宁把处理生活垃圾等废弃物、促进资源循环利用，作为消灭城乡对立的目标之一。他说：“为了合理地利用对于农业十分重要的城市污水特别是人的粪便，也要求消灭城乡对立。”[④]列宁积极肯定科学技术在改善环境中的作用。他称赞英国化学家威廉·拉姆赛（William Ramsay）从煤中直接取得煤气的方法是巨大的技术革命，“在社会主义制度下，采用拉姆赛的这种能‘解放’千百万矿工及其他工人的劳动的方法，就能立刻缩短一切工人的工作时间，例如从8小时缩短到7小时，甚至更少些。所有工厂和铁路的‘电气化’，一定能使劳动的卫生条件更好，使千百万工人免受烟雾、灰尘和泥垢之苦，使肮脏的、令人厌恶的工作间尽快变成清洁明亮的、适合人们工作的实验室”[⑤]。

第二，重视人与自然之间的平衡还体现在布哈林的平衡论生态思想。布哈林对马克思主义生态思想的发展作出过较大贡献，其生态思想主要体现在《历史唯物主义理论》和狱中哲学笔记中。他在《历史唯物主义理论》中阐述了平衡论。他以马克思主义辩证法为前提，提出平衡不是绝对

① 列宁全集：第5卷[M].北京：人民出版社，2013：133.

② 列宁全集：第5卷[M].北京：人民出版社，2013：90.

③ 列宁全集：第5卷[M].北京：人民出版社，2013：134.

④ 列宁全集：第5卷[M].北京：人民出版社，2013：133.

⑤ 列宁全集：第23卷[M].北京：人民出版社，2017：94.

的、静的平衡，而是动的平衡；他把平衡区分为“稳定的平衡”和“不稳定的平衡”，后者又包括积极的带正号的动的平衡（体系的发展）和带负号的动的平衡（体系的破坏）；平衡和不平衡既有区别又是统一的，在一定条件下可以转化。这个平衡论是建立在唯物主义基础上的，自然界被称为“环境”，社会被称为“体系”，历史就是在这两者平衡与不平衡中发展的。平衡分为社会体系中的内部平衡和社会体系与自然界之间的外部平衡，两种平衡是互相联系不可分割的，而且在自然界与社会之间的关系中，外部平衡具有决定作用，内部平衡依赖于外部平衡。在这样的基础上，布哈林进一步提出“生产力是自然界和社会的相互关系的标志”，把生产力看作“这种平衡的精确反映”①。

二、开始关注生态生产与限制资本的一致性

生态生产与限制资本在马克思主义生态理论中是一致的，无论是早期的生态主义者还是后来的生态马克思主义者都对此态度趋同。生态社会主义者认为，在资本主义制度下，资本的扩张具有必然性，而资本扩张的逻辑具有反生态的本性。美国著名生态马克思主义学者乔尔·科威尔（Joel Kovel）首先阐述了资本与生态危机的历史关联。在他看来，对于资本而言，整个世界，无论是自然界还是人类，资本就像是一方供开发的土地。开发的最基本活动是发生在商品层面上。“资本的核心功能——它构成元素的异化、去分化、等级强迫、量化、非识别等等——是被几十亿次地强加在商品的生产、流通和消费过程中。”②资本主义国家规制这些生产要素的获得——土地（即自然界）、劳动力（即人类）和基础设施（即经过改造的环境）——对商品的生产和积累都是必要的，从而沿着既定的轨道前行。科威尔认为，“从广义上讲，生态危机是由因资本生产和积累导致生产要

① 尼古拉·伊·布哈林．布哈林文选[M]．郑异凡，编．北京：人民出版社，2014：117.

② 乔尔·科威尔．自然的敌人：资本主义的终结还是世界的毁灭？[M]．杨燕飞，冯春涌，译．北京：中国人民大学出版社，2015：112.

素的衰退所组成的”[①]。这种衰退在许多方面都有所展现，并且共同的特征即生态系统间的相互联系在一系列非线性的、增值的和最终无法控制的反馈性循环中是不稳定的。因此，整个生态危机，如一些巨大的和杂乱分布的珊瑚礁那样，是由商品形成过程中无数的小元素积累而成的。它的病理和治疗都同个人的商品有关，并且是以商品依据市场的需求而确定和生产以及人类被扭曲的方式而发生的。科威尔指出，在这种层面上，交换价值就是资本的存在标志。但是，交换价值不能单独存在。它是与使用价值成对出现的。科威尔的这一论断是契合马克思主义的。他进一步阐述了使用价值的内涵。他认为：“使用价值在经济活动中反映自然的存在（交换价值就是从自然中提取后进行量化的）。但是，使用价值与物质世界和它的生态系统之间的关系是非常复杂的，因为使用价值并不是自然本身而是代表自然在人类活动中的存在。它指代人类对事物的分配，这一切不能直接看到但是可以通过想象觉察到。因此，使用价值对非物质的，甚至是想象的实体。”[②]这对于期货而言，也是适用的。如果使用价值没有这一特性，资本主义的扩张，甚至存在都是难以想象的。从这个意义上说，使用价值通过无限的中介，使自然成为必要。接着，使用价值将由物质实体来做代表物，它们之后就有了生命力并且依附于物质世界的其他代表物和方面。因此，“在这种意义上说，使用价值的功能——依据语言原则，尽管它不是语言——在某些方面又回归到物质世界”[③]。

首先，坚持商品的二重性，揭示资本扩张逻辑追捧交换价值的根源。科威尔强调，使用价值的效用和世界对人类活动的满足是不同的，尽管所有的商品都有使用价值，但是并不是所有有用的物品都是商品。因此，科威尔认为，“作为一个概念，使用价值具有历史阶段性，只有在资本主义

① 乔尔·科威尔.自然的敌人：资本主义的终结还是世界的毁灭？[M].杨燕飞，冯春涌，译.北京：中国人民大学出版社，2015：102.

② 乔尔·科威尔.自然的敌人：资本主义的终结还是世界的毁灭？[M].杨燕飞，冯春涌，译.北京：中国人民大学出版社，2015：121.

③ 乔尔·科威尔.自然的敌人：资本主义的终结还是世界的毁灭？[M].杨燕飞，冯春涌，译.北京：中国人民大学出版社，2015：118.

时期才能充分发挥作用”[①]。我们研究使用价值，并且如描述的那样，可以尝试改变它们——由于经济的巨大力量，尤其是在资本主义阶段，它们成为导致生态失衡的工具。但是，没有理由相信——并且有充分的理由来反驳——使用价值的转换与一个认可的经济领域是相对应的。相反，对使用价值的转换的抗争可视为对经济霸权的抗争。因此，在科威尔看来，“生态社会主义可被视作物品在经济维度内的‘消亡’。并且随商品形式逐渐让步于生态社会主义的发展，解释商品形式的概念特征也会随之改变。”[②]

其次，深刻把握生态生产的历史意义与内在规律。商品的使用价值是商品交换的前提条件。而商品本身是社会生产方式发展到一定阶段的产物，它体现着一定的社会历史关系。因此，商品的使用价值也具有一定的历史性。科威尔进一步指出，使用价值是历史性和非历史性的统一。一方面，“使用价值是具有历史性的，并且只与特定的社会形态相关联——例如资本主义时代之前的人们不需要使用心理分析，更不说期货了。他们也在一个既定社会形态内随着时间的改变而变化——可通过时尚潮流来体现。使用价值不是自然的产物而是从必要、需要和渴望——相互渗透，并反映人类对自然的抵制的事实从历史发展土壤中生长出来的。另一方面，使用价值并不完全是历史性的。是由于特定需求是超越历史阶段的，甚至是生理的”[③]。科威尔以人类对水的需求为例，没有水，我们将无法生存。在经济社会之前，不会有水的使用价值或者相关衍生品。但是一旦经济活动开展起来，将使用价值与以水为材料的液体相连成为趋势，根本原因是水在生命中所起的根本性作用。其他的需求，例如，新鲜的空气尽管也会因稀少而成为商品，但至少目前是无处不在的。也要注意，这种需求也成为

① 乔尔·科威尔. 自然的敌人：资本主义的终结还是世界的毁灭？[M]. 杨燕飞，冯春涌，译. 北京：中国人民大学出版社，2015：98.

② 乔尔·科威尔. 自然的敌人：资本主义的终结还是世界的毁灭？[M]. 杨燕飞，冯春涌，译. 北京：中国人民大学出版社，2015：101.

③ 乔尔·科威尔. 自然的敌人：资本主义的终结还是世界的毁灭？[M]. 杨燕飞，冯春涌，译. 北京：中国人民大学出版社，2015：121.

生态危机的一部分。科威尔认为，资本在使用价值上拥有多重和复杂的作用。对资本而言，理想的世界将是一切皆有用的世界。空气、水等等，实际上都有可能成为商品。尽管空气净化设备和空气成分例如氧气的贸易十分活跃，但是空气仍然大部分是免费的；但是我们知道，水越来越商品化并且在一些地方的超级市场上价格比汽油还高。

最后，坚持商品规律作用下生态生产与限制资本的有机结合。在科威尔看来，持续扩大商品生产需求和渴望的持续膨胀，这是资本主义社会后期最显而易见的事实之一。但是，“如果资本不注重使用价值的话，这也是不可想象的。在每一点上，使用价值都应被控制和克制以实现扩大交换价值的目的，这是资本自身最基本的形式”①。就像将自己的卵产在活着的生物体上的寄生虫一样，并且它就此开始孵化和经历从交换价值到它自己的繁殖和积累的质变。但是，“资本不能仅仅依附在使用价值上：它也必须消化他们”②。寄生虫不仅仅从它的寄生体上借用产卵的地方，它还要把寄生体吸干；它的控制力使得寄生体的生命受到了压制。我们观察资本控制范围内的任何地方，都可以看到这一点。科威尔指出，生产条件以及使用价值的消减都是持续的——尽管后者在生态转换的政治学上提供了一个更精细和更切合实际的处理办法。这种集体的消减就是所谓的资本主义的“第二重矛盾”。无论何处追求利益控制社会进程，它都会出现并且显示生态危机的核心，即使用价值的全球性消减。

三、积极肯定自然环境对人类社会的优先性

自然地理环境成为人类社会发展前提是经典作家在生态理论上的重要认知成果，其中最有代表性的是苏俄马克思主义哲学家格·瓦·普列汉诺

① 乔尔·科威尔.自然的敌人：资本主义的终结还是世界的毁灭？[M].杨燕飞，冯春涌，译.北京：中国人民大学出版社，2015：109.

② 乔尔·科威尔.自然的敌人：资本主义的终结还是世界的毁灭？[M].杨燕飞，冯春涌，译.北京：中国人民大学出版社，2015：121.

夫（Ger Va Plekhanov）。他在继承马克思关于地理环境与人类社会发展关系学说的基础上，运用历史唯物主义的相关理论方法，在考察了大量民族历史的基础上提出了自己的地理环境论。

首先，客观把握自然环境对于人类社会发展的基础性作用。普列汉诺夫首先批判了爱尔维修关于人类社会发展是建立其物质需求基础上的观点。爱尔维修指出，要想说明人类社会的发展应该考察的是为满足这种需要所采取的手段和途径，即生产力和生产关系，而非物质需求本身。普列汉诺夫认为人类社会生产力和生产关系的发展受到周围地理环境的影响。为此，他举例说："一个没有金属的地方的居民，就不能发明优于石器的工具。人能够驯服在人的生产力发展中起了很大作用的马、牛、羊等，就必须居住在它们野生时生活的地方，亦即它们祖先生活过的地方。行船的技术确乎不是在草原上发生的。因此，周围的自然环境、地理环境的缺乏或丰富，曾经给工业的发展以无可争辩的影响。"①

其次，重视自然地理环境对于人类生存与发展的优先性。普列汉诺夫认为，自然地理环境决定着人类生产活动和生产资料的性质，生产资料的性质则决定着人们在生产过程中的相互关系，正是这种关系决定了整个人类社会的结构，因此自然地理环境的性质决定了社会环境的性质。但在这里，地理环境的性质并未直接决定社会环境的性质，而是通过生产力和生产关系的相互影响起作用。生产关系和生产力的相互作用导致了社会的发展，这个社会运动有其自身逻辑和独立于自然环境的法则。

再次，人类发展与自然环境之间是维系协调的关系。人类社会与地理环境的关系是变化多端的，每当人类生产力发生变化时，它们之间的关系也会发生相应的变化，德国鲁尔工业区的发展就是很典型的例证。随着工业革命的到来，鲁尔区因为其丰富的煤炭资源和四通八达的地理位置一跃成为德国最重要的工业区，工业产值一度达到了全国的40%。但是随着新的产业革命的到来以及20世纪50年代后煤炭能源地位的下降，加之生态环境的严重污染，鲁尔工业区很快衰落下去。为此，德国政府适时调整产业

① 格·瓦·普列汉诺夫.普列汉诺夫文选[M].张光明，编.北京：人民出版社，2010：19.

布局，加大对该地区环境污染的治理力度，从20世纪80年代开始，鲁尔区的经济状况由衰落转向繁荣，扭转了该区生态环境持续恶化的趋势，成为德国的绿色工业示范区。在不同产业革命阶段，自然地理环境对鲁尔区的发展产生了不同的影响。因此，从鲁尔区例子可以看出，人类所处的生产力阶段不同，对地理环境的影响也不同。

综上所述，马克思主义生态理论在整个19世纪这一工业革命的勃发阶段紧密联系社会现实，吸收和借鉴当时的自然科学成果与人类文明的实践经验，从更为广阔的历史维度和方法框架上，穿透经济危机背后的阴霾，找准生态问题产生的根源和深层逻辑，为进一步揭示资本主义的反生态性进行了强有力的探索与尝试，也对进入20世纪的资本主义予以更为深刻的批判预留了空间与超越的可能性。

第三章　马克思主义生态理论在20世纪早期的主要拓展

当时代发展从自由资本主义阶段进入垄断资本主义阶段后，马克思主义生态理论也历经列宁、布哈林等马克思主义者的继承与创新，其内涵得到进一步丰富。在这里，我们将从列宁、普列汉诺夫、布哈林以及卢森堡等人的生态思想中发掘马克思主义生态理论在20世纪早期的主要拓展内涵。值得一提的是，尽管当时面临西方国家的外交封锁，但是苏联许多生态学者对社会主义生态问题有着较为深刻的揭示和反思，如杰出生态学家弗拉迪米尔·弗拉迪米若维奇·斯坦钦斯基（Vladimir Vladimirovich Stanchinskii）提出生物区食物链的概念，著名生态学家卡什·卡罗夫（Kash karov）严厉批评传统社会的生产过度集中化倾向等，正如所记载的那样，“前苏联生态理论在20世纪80年代十分活跃，不仅提出了许多新概念，而且初步拟定了马克思主义生态理论的框架”①。譬如树立生态意识，“社会生态学”“生物圈”“协同演化”等概念被提出，其相通之处都是鼓励人与自然生物和谐相处，共同发展。应该说上述思想很大程度上都是依照马克思主义的自然辩证法予以阐发的，这理应成为我们关注20世纪马克思主义生态理论的重要缘由。当然，受限于篇幅和主题限制，这里从列宁等人的生态思想或理论内涵出发予以讨论。

① 广州市环境保护宣传教育中心.马克思恩格斯论环境[M].北京:中国环境科学出版社,2003:229.

第一节 列宁的帝国主义批判理论及其生态意蕴

作为世界上第一个社会主义国家，苏联确实存在因盲目发展社会生产力，造成资源浪费和环境污染等生态问题，但是，这并不意味着苏联人民和领导人对生态持不屑一顾的态度。列宁、布哈林等人对于生态环境问题是有着自己的坚定立场与价值判断的，尽管列宁并没有专门就生态环境问题写出专著，但在其帝国主义批判理论的有关论述中充斥着对生态危机的关注与思考。

一、列宁的帝国主义批判理论

列宁在分析资本主义破坏生态的原因时，结合19世纪资本主义新发展状况，重点批判帝国主义带来的诸多严重的生态问题。马克思指出，资本主义“按照自己的面貌为自己创造出一个世界”[①]。列宁也认为帝国主义是资本主义发展阶段的高峰，是在全世界的范围内进行运作的资本主义时期。列宁对于帝国主义的评价，完整展现资产阶级对于自然资源的疯狂掠夺和对广大人民群众的压迫。他认为以帝国主义为代表的西方资本主义国家为避免本国的资本主义危机化，出于经济利益的贪婪动机，对世界上的其他国家进行军事行动，这样的结果将激发受迫害国家对于帝国主义的仇恨和对无产阶级革命运动的支持。如果无产阶级不在前进道路上清除掉帝国主义，那么无产阶级的团结将会彻底遭到破坏。列宁的帝国主义思想为俄国无产阶级的革命，提供理论上的武器，也为世界上的其他国家的革命运动起到指导作用。在当今，西方资本主义国家对于自然环境的破坏和自然资源的掠夺并未随着时代的变化而产生任何的改变。帝国主义从未在世界政治舞台上消失，甚至可以说当今西方发达资本主义国家的帝国主义行

① 马克思恩格斯文集：第2卷[M].北京：人民出版社，2009：36.

为是目前全球性生态危机产生的根源。

列宁在经济和政治维度揭示帝国主义阶段资本主义对世界资源的瓜分心态及本质。列宁最有代表性的分析帝国主义的著作是《帝国主义是资本主义的最高阶段》，资本主义生态危机就是社会化生产与自然物质所有制之间的矛盾。列宁特别指出，帝国主义根本不是资本主义的一种可以医好的病变。只要资本主义没有真正解决这两者的矛盾，那么资本主义危机将不会得到真正的解决。而资本主义国家不会对自然物质的所有制进行改变，因为私有制是资产阶级产生和发展的根本动力。所以危机将不断反复出现，直到资本主义社会崩溃为止。西方资本主义国家自然不会坐以待毙，转嫁资本主义的矛盾和缓解资本主义危机成为资本主义国家进行帝国主义行为的原因。西方资本主义国家将大量的工业产品倾销到其他国家，其目的是试图瓜分世界和“奴役”弱小民族以及对其他国家进行资源的疯狂掠夺。这种非正义的行为当然受到其他国家人民的反抗，所以西方资本主义国家必须进行军事行动来维持占有的现状。列宁认为这样的行为，从本质上看，并没有改变资本主义国家矛盾的根源。当社会化的大生产与自然物质资料所有制所产生的矛盾不断激化后，比以前更大的资本主义危机将最终摧毁整个资本主义社会。

列宁提出，帝国主义带来的生态问题是帝国主义扩张的本质所决定的。列宁认为，资本家国际同盟拼命地致力于剥夺对方进行竞争的一切可能。人们认为帝国主义掠夺自然资源，是为实现利润的最大化和快速增长的生产效益。当时西方国家在落后地区进行的剥削，表现出帝国主义垄断的特性，在世界上各个国家和地区进行自然资源的疯狂掠夺。对于西方发达资本主义国家来说，对于自然资源的开发和生产并不在本国。所以，帝国主义毫不避讳对于自然环境保护的无视，也由此对世界上其他国家的自然环境造成严重的破坏。自然生态的危机来源于资本主义的本质，帝国主义的生态问题凸显更是充分印证了这一根源性问题。

二、列宁帝国主义批判理论的生态意蕴

帝国主义批判理论是列宁对资本主义深刻批判学说的重要组成部分，尽管当时列宁并未将这一理论作为其主要精力关注的对象，但是批判帝国主义造成的生态灾难却是其反对帝国主义的根本理论诉求与实践指向。实事求是地说，在列宁时代生态环境问题尚未成为显性问题，没有引起人们过多关注和重视。在当时特定的时代里，列宁没有也不可能有关于“生态文明”专门著作及论述，这是无可争辩的事实，但就此推论列宁没有生态文明思想显然过于武断和草率。关于此问题，只要对列宁全集或经典名篇稍加研读，就不难发现，关于生态文明的思想散布在他的著述和谈话之中，内容丰富、涉及面广泛，特点鲜明，涉及自然观、资源、工业、生态环境、环境立法、科学技术等方面，是列宁思想中具有相当分量和深度的重要部分，它坚持和创新了马克思恩格斯生态文明思想，结合不同历史时期的具体实践，富有强烈的理论生命力和实践科学性。列宁的生态文明思想以历史唯物主义观点和实践观点作为思考问题的逻辑基点，批判了资本主义对生态环境的破坏，阐述了资本主义国家环境恶化的具体情况，彰显出列宁对生态文明的高度关切和敏锐智慧。

第一，列宁的帝国主义批判理论有着深刻的自然哲学支撑。他认为，科学认识自然是正确改造自然的基础，列宁对认识自然与改造自然秉承着科学的态度，在自然观方面坚持唯物主义观点。列宁阅读到费尔巴哈关于自然界是有形体的、物质的、感性的文字时，专门批注写道“自然界是物质的”；在评价黑格尔《逻辑学》一书中“……进一步更确切地识别自然界的内部谐和及规律……”时，列宁认为，自然的各要素是系统性的，各要素之间是相互作用、相互联系的，他认为“在自然界中，一切都是相互作用的，一切都是相对的，一切同时是结果又是原因，在自然界中，一切都是具有各个方面的和相关的……”[①]列宁认为要客观地对待自然力量，既不

① 列宁全集：第55卷[M].北京：人民出版社，2017：43.

能过度放大自然的力量，也不能忽视自然力量的重要性，要充分认识到自然力的作用，列宁对过分夸大自然力的观点进行了批判，他认为“原始人获得的必需品是自然界的无偿赐物，这是拙劣的童话”①，另一方面，列宁又充分肯定了自然力的价值和作用，他认为，一般说来，人的劳动是无法代替自然力的。无论在工业或农业中，人只能在认识到自然力的作用以后利用这种作用，并借助机器和工具等以减少利用中的困难。

第二，坚持把人、自然和社会纳入充分考虑的框架，由此揭示帝国主义批判的完整内涵。人口、资源、环境是人类生存和发展的三大要素，也是生态文明建设的核心内容。列宁对资源开发利用的重要性有着深刻的认识，在社会主义革命和建设中对资源相关问题进行了初步探索，这方面的理论认识、实践经验与工作成就都值得我们借鉴学习。列宁认为资本主义生产方式不能科学地合理分配各种资源，会导致社会财富及生产力的枯竭和浪费。在他看来，社会主义建设必须合理地分配和利用各种资源，并用制度来予以保障，在《在省苏维埃主席会议上的讲话》中列宁讲道：“只有按照一个总的大计划进行的、力求合理地利用经济资源的建设，才配称为社会主义的建设。”②具体做法是，从立法与道德要求层面做好节约与保护工作。十月革命胜利的第二天，即1917年11月8日苏维埃政权颁布了由列宁草拟的《土地法令》，这是苏联生态自然保护立法的首个法律文件，由于它废除了土地、水和森林的私有制，规定其为全体人民所共有的财产，受到苏维埃国家的保护，因此各种资源国有化为苏联的生态自然保护立法提供了基础。

列宁的《帝国主义论》在马克思主义发展史上占有极其重要的地位，它的核心观点和“预言”一再地被实践所证实，当今人们比以往任何时候都需要《帝国主义论》的思想指导。《帝国主义论》不容置疑的当代解释力和现实意义首先体现在它可以帮助我们正确地审视当今帝国主义的真面目和它呈现的一系列新变化的实质，还让我们清晰地看到了资本主义经济

① 列宁全集：第5卷[M].北京：人民出版社，2013：90.

② 列宁全集：第35卷[M].北京：人民出版社，2017：18.

金融化与金融危机的实质，他对于当代资本主义经济危机背后引发生态危机的启示意义重大。同时，列宁在《帝国主义论》中对帝国主义的研究又为评判各种“新帝国主义”“后帝国主义”理论功过是非提供了参照。值得注意的是，《帝国主义论》在批判旧世界的过程中也提出了如何代替旧世界、建设新世界的构想，这既为新社会文明形态的建立寻找和创造了理论前提，也为增强中国特色社会主义自信提供了精神动力。列宁在《帝国主义论》中给我们展示了他的世界历史观，这一世界历史观无疑是建立在对资本主义和社会主义两种社会体系的冲突与融合的历史逻辑之上。列宁用这一世界历史观来观察资本，看到资本是一种国际力量，而资本的国际性决定了革命的国际性。这样，列宁深刻地揭示出，在今后很长一个历史时期内，在世界上必然存在两大体系，即资本主义体系和社会主义体系。于是列宁得出结论：“社会主义共和国不同世界发生联系是不能生存下去的，在目前情况下应当把自己的生存同资本主义的关系联系起来。”①这样，列宁就必然要反对简单地把资本主义和社会主义对立起来的思想，必然会提出：“只有那些懂得不向托拉斯的组织者学习就不能建立或实施社会主义的人，才配称为共产主义者。”②这对我们当前解决生态危机问题同时学会如何与资本主义世界共处，提供了理论思考空间与参考坐标。

总之，作为世界上第一个社会主义国家的缔造者，列宁把马克思主义推进到一个新的阶段，他对帝国主义批判的理论与实践也是坚持马克思主义生态思想，不断构成和发展马克思主义生态思想的有机组成部分，不但丰富了马克思主义思想宝库而且也为后来的社会主义国家进行生态建设提供有益借鉴，对于当前中国特色社会主义生态文明建设，尤其是不断推动人与自然生态之间的生命共同体构建，促成全人类命运共同体的形成，都有着不可忽视的重要价值。

① 列宁专题文集：论社会主义[M].北京：人民出版社，2009：387.

② 列宁专题文集：论社会主义[M].北京：人民出版社，2009：133.

第二节　普列汉诺夫的自然地理环境论及其生态意蕴

任何问题的研究都需要一定的理论基础作为指导。马克思、恩格斯对人与自然的辩证关系进行了精辟的总结与概括，形成了其早期的马克思主义生态思想。马克思人与自然异化的思想、人与自然的辩证关系以及马克思生态生产力思想为我们研究普列汉诺夫的自然地理环境论提供了理论支持。普列汉诺夫的这一理论正是立足于马克思恩格斯这些生态思想的基本观点，又在此基础上对马克思主义生态思想进行了进一步阐发与创新。

一、普列汉诺夫的自然地理环境论

普列汉诺夫的“自然地理环境论”是在马克思、恩格斯自然环境理论基础上开展的，他充分利用地理学家、人种学家和社会学家提供的大量具体材料，探讨了地理环境的结构，阐明了地理环境组成要素对早期人类的影响。在普列汉诺夫看来，马克思的伟大功绩在于，他完全从相反的方面去接近问题，把人的天性看作历史运动的永远改变着的结果，而历史运动的原因在人之外。为了生存，人应该维持自己的机体，从他周围的外界自然中摄取他所需要的物质。这种摄取需要人对这个外界自然发生一定作用。地理环境与人类社会之间具有相互作用的关系，马克思一直坚持自然与人类社会之间的辩证关系，二者彼此作用和谐发展。人的实践活动能够改造自然，自然反过来对人的活动具有制约作用。因此，人不可以违背自然规律，否则要受到自然界的惩罚。普列汉诺夫十分重视人与自然的相互关系，在他看来，自然界对人的制约，突出地表现在地理环境对社会发展的作用上。他在《尼·加·车尔尼雪夫斯基》一书中强调，人类的生存斗争条件首先是自然界给予的，其次是由人们创造的。自然界给予的条件即地理条件，与人们自己改造的社会条件之间的联系无疑是存在的。生产力则是地理环境与社会发展之间的中介。这是其地理环境学说的关键，也是其对马克思主义生态理论的一大贡献。

地理环境通过对生产力进而对社会的发展起作用。生产力成为地理环境与人类社会之间相互作用的媒介。一方面，人类社会通过发展生产力，进而改造自然；另一方面，地理环境又通过对生产力的制约，影响着人类社会的发展。普列汉诺夫详细地考察了地理环境影响社会发展的途径，指出人类社会和地理环境相互作用的基础是生产力。地理环境直接作用于生产力，通过生产力作用于其他社会因素，从而影响社会的发展。生产力的状态制约着地理环境对社会发展的可能性、范围、性质、水平和形式，并通过生产力、社会关系等环节间接地影响社会意识。一个社会的上层建筑譬如社会制度、精神面貌等都是由生产关系，归根结底是由生产力决定的，而不可忽视的是生产力又对他们所生活的地理环境具有依赖性。地理环境通过生产力这一中介对民族特征、社会结构、政治制度、科学艺术等社会关系产生影响。

二、普列汉诺夫自然地理环境论的生态意蕴

普列汉诺夫是俄国马克思主义政党的领袖之一，最早在俄国和欧洲传播马克思主义。他在许多著作中反复探讨地理环境在人类历史中的作用，在继承马克思主义地理环境生态观的基础上，又提出许多独到见解。在他之前，思想界关于地理环境对于社会是否起作用的讨论存在争议，比如伏尔泰从地理环境与不同的社会关系层面，认为地理环境对人类社会发展不起任何作用；孟德斯鸠则认为地理环境对社会的发展起着决定性作用。普列汉诺夫看到了二者对人类社会与自然关系进行了机械划分的弊端，认为要解决这一问题，必须看到地理环境与社会发展的两面性。一方面要承认人类具有主观能动性，对周围的地理环境具有改造作用；另一方面也要清楚地理环境对人类生活和社会历史发展具有一定的影响。普列汉诺夫坚持马克思主义人与自然的辩证关系的基本观点，又对马克思主义生态思想进

行进一步阐发，因此可以说地理环境学说是普列汉诺夫生态思想的核心。

第一，坚持尊重地理环境对于人类生存与发展的基石作用。地理环境有着自己独特的内在规律机制，它对社会发展的影响是“可变的量”。“被地理环境的特性所决定的生产力的发展，增加了人类控制自然的权力，因而，使人类对于周围的地理环境发生了一种新的关系。”[①]地理环境与人类社会之间的这种“可变的量”的变化取决于生产力的状况。“人的生产力越是增长，社会的人跟自然界的关系就变化得越快，人也就能更加迅速地使自然界服从于自己的控制。”[②]普列汉诺夫分别在《唯物主义史丛》和《谈谈历史》中阐明他的立场：即社会人和地理环境之间的相互关系，是出乎寻常的变化多端。在人类社会历史中，生产力每进一步，这个关系就会变化一次。人类社会和地理环境的关系不是一成不变的，而是一个“可变的量”。

第二，坚持用生产力与生产关系的有机结合方式，探索生态环境问题的解决对策。普列汉诺夫考察了人类不同历史阶段地理环境与社会发展的关系。在人类社会的形成时期，直立行走以及对工具的制造和使用、人的智慧发展都是由地理环境的特点形成的。人类的部落在最低的发展阶段上就相互发生关系，彼此交换他们一部分生产品。这就打破了影响每一个部落生产力发展的地理环境界限。无论是用来满足人类需要的自然物品，还是人们自己为着同样的目的而生产的物品的性质，都是由地理环境的特性来决定的。地理环境的贫乏或丰富，曾经给予工业的发展以无可争辩的影响。社会发展的限制因素，在另一些时候则成为人类社会发展的积极因素，而原来那些有利的地理因素又会转变为不利于社会发展的因素[③]。

应该说，尽管受到当时所处的社会历史条件和生产力限制，普列汉诺夫作为系统继承和发展马克思主义自然环境学说的俄国马克思主义学者，其地理环境学说有着诸多不足，但总的来说，其基本思想是正确的，所蕴

① 格·瓦·普列汉诺夫.普列汉诺夫文选[M].张光明,编.北京:人民出版社,2010:121.

② 格·瓦·普列汉诺夫.普列汉诺夫文选[M].张光明,编.北京:人民出版社,2010:145.

③ 胡延福.俄罗斯生态哲学思想研究[D].厦门:厦门大学,2012:30-31.

含的生态内涵具有独特的研究价值，并对20世纪马克思主义生态理论的形成，以及后来的社会主义国家生态文明建设有着重要的启示。

第三节　布哈林的社会与自然平衡论及其生态意蕴

尼古拉·伊万诺维奇·布哈林（Nikolai Ivanovich Bukharin），是联共（布）党和共产国际领导人之一，马克思主义理论家和经济学家。平衡论是在其代表作《历史唯物主义理论》中提出来的。他认为“平衡”较为确切的概念是，“某种体系如果不能自动地，即没有从外面加给它的能改变自身的状态，人们就说它处于平衡状态”[①]。布哈林把自然界称为“平衡”，把社会称为“体系”。他认为，在环境和体系之间存在着经常性的联系：环境作用于体系，体系反过来作用于环境，历史就是在这两者平衡与不平衡中发展的。应该说这一划分是坚持马克思主义唯物辩证的基本思路，并将其运用于论证自然与社会之间的关系，换言之是对人与自然关系的深刻揭示。

他将平衡分为“动的平衡”和“静的平衡”或者“不稳定的平衡”和“稳定的平衡”。所谓“静的平衡”是指体系处于相对稳定不变的状态，“静的平衡”只不过是想象中的理想状态罢了，某些例外场合才有可能出现。实际上存在的只能是“动的平衡”，即通过矛盾作用不断运动，在新的基础上和条件下形成新的平衡。布哈林就“动的平衡”作出进一步的区分：积极的和消极的“动的平衡”。“积极的动的平衡”是指环境和体系在进行物质和能量交换时，体系从环境中吸取的能量大于它释放的能量，而使体系内矛盾在数量上发生了变化，旧矛盾被新矛盾代替，在更高级的基础上形成了新的平衡[②]。此时，表现为体系的壮大，例如人的成长、社会

① 尼·布哈林.历史唯物主义理论[M].北京：人民出版社，1983：117.

② 尼古拉·伊·布哈林.布哈林文选[M].郑异凡，编.北京：人民出版社，2014：89.

的发展等。“消极的动的平衡”正好与积极的动的平衡相反[①]，它是体系向环境释放的能量大于吸收的能量，而使体系部分消亡，是体系在最低级的基础上确立的新的平衡。因此，消极的动的平衡，是对体系的破坏，最终将导致体系走向灭亡，如人的衰老、社会生产下降等[②]。

一、布哈林的社会与自然平衡论

布哈林认为，自然界是社会的“培养基”，人和人类社会都是自然界的产物，也是自然界的一部分，人类社会对自然界存在依赖关系。“如果我们把社会当作体系加以考察，那么这个体系的环境就是外部自然界，即首先是我们的地球及其全部天然的特征。脱离这一环境，就说不上什么人类社会。自然界还是人类社会的培养基，这就决定着它具有极其重要的意义。”[③]

第一，自然界是人类从事一切生产活动的物质条件和自然基础。自然界中所有的资源和条件成为人类社会的劳动对象与劳动资料，在这些物质资源的基础上，社会才能进行生产活动。如土地资源、海洋资源、气候条件等影响着人的劳动。自然资源和劳动力一起构成现实劳动过程的两个最基本要素，直接参与社会生产产品的形成。自然资源的丰富与匮乏，直接决定着社会生产成果的数量与质量。

第二，自然界与人的演化存在着互相适应的动态平衡状态。自然界的演化发展并不以人的意志为转移，它在作为人类社会“培养基”的作用之外，也具有不适宜于人类生存和社会发展的一面，各种自然灾害、地质灾害都对人类社会的发展产生过消极的影响。人类是在同自然界的斗争中发展起来的。个体的有限性，需要人与人之间联系起来组成社会同自然抗争。人类社会要存在，就需要从外部自然界汲取物质能量，从自然界汲取

① 尼古拉·伊·布哈林.布哈林文选[M].郑异凡,编.北京:人民出版社,2014:91.

② 尼·布哈林.历史唯物主义理论[M].北京:人民出版社,1983:112.

③ 尼·布哈林.历史唯物主义理论[M].北京:人民出版社,1983:115.

的能量越多，就越能适应自然界。获取自然界物质能量数量有所增长，社会才能进步。随着社会的发展、改造自然水平的提高，人们开始掌握和利用自然规律，从地层深处挖掘出煤炭和铁矿石，并制造成机器，借助这些机器在各方面进一步改造自然，在这一过程中，人们将自然界的一部分“人化”了。人的自然属性确定了人是整个地球生物圈共同体中的成员之一，这要求人们的活动必须遵守规范，按照生物生存的基本规律，去维护自然界正常的发展演化过程。人的社会属性则要求人按照人类生存的法则，满足人类生存发展的需要以及全人类的共同利益①。

二、布哈林社会与自然平衡论的生态意蕴

布哈林关于社会与自然平衡论的立场是对马克思主义哲学的实际运用和创新发展，直接体现了唯物辩证法思想。他对于马克思主义生态理论带来了有益的启示和创见。

第一，社会与自然的平衡是一种动态的模式，有着较为全面的唯物主义视野。从运动观维度分析，他认为世界上没有任何东西是绝对静止和绝对不动的，一切都在运动和变化。现实中一切平衡都是相对的、有条件的，而不平衡是绝对的、无条件的，所有的平衡都是在运动中存在，问题不在于有无平衡，而在于平衡以一种什么样的方式存在，平衡存在于不平衡之中。很多哲学家都习惯性地把静止与平衡混为一谈，抹杀它们的区别，布哈林克服了这种片面性的理解，从本质上规定了平衡的特殊含义。

第二，社会与自然的平衡是一种相对静态的平衡，具备符合现代系统科学的哲学思维印记。从系统论维度分析，社会本身就是一个庞大的体系，这个体系的外部环境是自然界，体系和环境之间的平衡就是社会和自然之间的平衡，实现这一平衡的力量就是生产力。社会与自然界之间的平衡是一种外在的平衡；体系内部诸要素之间的关系是内部平衡。社会作为一个大系统具有整体性，其基本特征为整体功能大于它的部分功能之和。

① 胡延福.俄罗斯生态哲学思想研究[D].厦门:厦门大学,2012:33-34.

第三，社会与自然的平衡是一种符合马克思主义矛盾学说的有益尝试，是对唯物史观中生态规律的运用与尝试。从矛盾论维度分析，矛盾规律揭示了事物之所以运动、变化、发展的原因和动力，是唯物辩证法的实质和核心。布哈林的平衡论思想也包含有矛盾的范畴，他认为，从平衡到平衡的破坏再到平衡的恢复正是矛盾运动的结果。布哈林从矛盾运动的状态出发，论述了社会与自然界之间、社会的内部要素之间的平衡和不平衡之间相互转化的辩证运动过程。

综上，布哈林关于社会与自然的动态平衡论是认识生态问题的哲学基础，他的平衡论思想不仅具有理论价值，还具有较强的实践性。平衡论继承了马克思主义关于人与人、人与自然、人与社会关系的基调，主张强调社会同自然的和谐，社会内部各种关系的平衡，系统的开放性、整体性和联系性。它不仅为20世纪马克思主义生态理论的发展与构成奠定了重要的理论基础，而且为解决生态问题提供思想武器和有效的启发。

第四节　卢森堡的资本积累论及其生态意蕴

罗莎·卢森堡（Rosa Luxemburg）是国际共产主义运动的著名政治理论家，德国社会民主党和第二国际左派的领袖，《资本积累论》是卢森堡研究政治经济学最重要的著作，也是她系统地阐发自己历史辩证法的代表成果。在这部著作中，卢森堡继承马克思的资本积累模式，并重新阐发了马克思主义的资本积累理论逻辑。卢森堡有力地抨击了伯恩斯坦修正主义，捍卫了马克思主义的纯洁性，并且以新的视角分析了资本主义发展新阶段的经济根源，同时建立了自己的帝国主义理论，继承和发展了马克思主义。在很大程度上，我们发现卢森堡的资本积累理论是对当时资本主义对外扩张造成生态环境破坏的直观揭示，也为后期生态帝国主义理论的出现作了一定的思想铺垫。重新解读卢森堡的资本积累理论对于研究20世纪马克思主义生态理论的发展趋势提供了很好的切入点。

一、卢森堡的资本积累论

在卢森堡之前，已有不少人描述过资本积累和帝国主义的产生，比如霍布森的《帝国主义》和希法亭的《金融资本》，在描述帝国主义的产生时，主要着眼点是资本主义宗主国内部发生的各种现象。而卢森堡的《资本积累论》有所不同，它的独特之处在于，试图从总体上探索世界资本主义体系向帝国主义演化的历史进程，把资本主义宗主国的发展过程同非资本主义区域殖民化演变过程看作同一历史过程的两个不同表现方面。她认为，资本主义宗主国侵入和控制非资本主义区域是资本得以积累，扩大再生产得以实现的最重要条件。

第一，封闭的资本主义体系无法实现资本积累。卢森堡以马克思的再生产理论为中心，研究了资本主义的积累和扩大再生产问题，她认为按照马克思扩大再生产的图式，要实现生产资料与消费资料两大类的全部剩余价值，必须有两大部类以外的具有支付能力的需求。而马克思一直的立场是，积累过程只是局限在完全由资本家与工人所构成的社会里。卢森堡不同意马克思的看法，也就是说在封闭的资本主义体系内，资本积累是不可能实现的，世界资本主义为了实现它的全部剩余价值，就必须在工人和资本家这两个阶级以外寻求“第三”市场，以吸收一部分用来投资的剩余价值，资本的积累才能进行下去，卢森堡对马克思的扩大再生产图式的主要疑点就是积累的剩余价值的实现问题。她认为，剩余价值的实现是因为非资本主义环境的存在提供和实现了剩余价值的销售市场、生产资料的来源和雇佣劳动力，从而保证了资本积累的顺利进行。世界资本主义为了自己的生存，为了能够实现扩大再生产的资本积累问题，才不顾一切地向非资本主义区域扩张，争夺殖民地和对不发达国家进行控制，资本积累的过程必然是资本主义扩张的过程。这里所说的核心也就是资本主义国内市场和国外市场的关系问题。

第二，资本积累的边界是世界市场的逐步形成。资本主义产生于西方资本主义国家，在卢森堡的著作里，她这样描述："西欧诸国的资本主义，最初是处在产生它的环境之中——在农村是庄园经济，在都市是基尔特（行会）手工业——以后，脱离了封建制度之后，它又主要处于农民和手工业的环境之中，也就是说，处于农业及商业的简单商品生产的体系之中。此外，围绕欧洲资本主义的，还有非欧洲文化的广大区域，它们代表各个发展水平，从逐水草而居以狩猎或畜牧为业的原始共产主义的部落，一直到农业与手工业的商品生产。这就是资本主义积累所处的环境。"[①]欧洲区域资本主义积累环境的研究，对卢森堡研究资本积累具有重大的意义，从资本主义的发展来说，资本主义积累所处的环境可以区别为三个阶段：资本主义对自然经济的掠夺是第一个阶段、资本主义通过商品经济走向世界的第二阶段、第三个阶段就是资本主义为争夺最后能实现资本积累环境的地域的掠夺，这是资本主义处于崩溃的阶段，也被列宁称为资本主义的最后阶段。

第三，资本积累过程中对非资本主义世界的自然生态带来前所未有的破坏与消耗。尽管自然经济是自给自足的经济形态，但在资本主义生产序列面前，依旧试图将其纳入自己的价值榨取视野。资本主义是需要围绕非资本主义生产形态来生存的，但并非所有的非资本主义形态都适合。资本主义需要非资本主义的目的就是来销售自己的产品获得剩余价值，并进行下一步的扩大再生产。在土地公有制的原始农民公社或封建的赋役关系，他们都是为了自己内部的需要而生产。资本主义时刻面临的是生存和发展的问题，资本主义的社会形态必须依赖于围绕他们的那些非资本主义社会形态。自然经济是自给自足的经济形态，这和资本主义存在天壤之别，资本主义是以消灭这些形态为生存目标的，这就预示着资本主义和资本主义以外的社会形态之间的战争。自然经济形态，是以阻扰来反击资本主义的要求的，面对这些社会形态资本主义会进行一场场歼灭战，不管是奴隶社会还是封建社会，这些战争方法主要就是政治上的强制性，也就是指革命和战争，而在那时，资本主义会采取暴力或者强力来解决影响自身经济发

① 卢森堡.资本积累论[M].彭尘舜，吴纪先，译.北京：生活·读书·新知三联书店，1959：290-291.

展的阻碍。

事实上，资本主义为获得更多资本积累财富，不断地完成更多的对非资本主义世界的扩张，无论是对自然经济形态的封建社会，还是对商品经济处于较低水平的非资本主义国家，以及各主要殖民地，都采取多种手段达到自己的目的。其中不乏国际借贷、关税等形式，上述方式带来的直接后果是资本主义生产积累了大量财富，资本得以从非资本主义世界向资本主义世界输送，但与此同时，附加的更多伤害也随之而来，譬如对当地自然资源的榨取，输送资本主义世界的污染物等，这些都成为现当代西方资本主义国家向发展中国家转移落后生产线和污染型企业甚至生产生活垃圾的源头。

二、卢森堡资本积累论的生态意蕴

卢森堡以资本积累理论为基础对帝国主义进行分析，资本主义在扩张过程中，迅速地消灭非资本主义领域，使其成为资本主义经济的一部分。而一旦它们全部都资本主义化了，它们自己也要寻找积累环境，而这样的环境已经没有了。按照卢森堡的立场，世界上所有非资本主义领域都在向资本主义集中和靠拢。资本主义正用最直接和普遍的方式将所有的非资本主义纳入自己的势力范围。

在卢森堡看来，向非资本主义的扩张始终是资本主义的核心特征，在帝国主义时代，这一特征表现得更加明显。“事实上，自从资本主义生产首次登上历史舞台以来，它已经显示出对非资本主义国家的巨大吸引力。它像一根红线贯穿着它的发展的始终，变得越来越重要，在帝国主义时代，它作为决定性的支配因素直接出现在社会生活之中。”[①]当然，毕竟是扩张伴随着资本主义的始终，而不是“帝国主义”伴随着资本主义的始终，因此“帝国主义”一定还包括了其他的东西。

第一，要在生态危机的背后看到资本主义积累的作用规律是以一种隐

① 卢森堡.资本积累论[M].彭尘舜，吴纪先，译.北京：生活·读书·新知三联书店，1959：235.

蔽方式出现，以往暴力性质和斗争对象有所变化。现代帝国主义并非资本扩张的序幕，恰恰相反，它是资本扩张历史进程的最后篇章，它是资本主义国家之间为攫取地球上最后剩下来的非资本主义地区进行的世界性竞争普遍激化的时期。这个最后阶段里的经济和政治灾难，就像资本在“原始积累”的发展阶段所经受的灾难一样深重。通往美洲和印度海路的发现，不仅是人类思想和文明的普罗米修斯式的成就，而且也伴随着一系列对这个新世界里的原始人民的大规模屠杀以及同非洲和亚洲的人民进行大规模的奴隶买卖。同样，资本在最后的帝国主义阶段里的经济扩张，是与我们现在经历着的一系列殖民征服和世界战争分不开的。也就是说，卢森堡认为帝国主义与资本主义先前时代的区别在于它的矛盾更尖锐，且锋芒已经直接指向帝国主义国家本身，引起资本主义国家之间的战争，并进而引发世界范围的灾难。而且，从卢森堡的这段论述，我们可以识别出她所认为的原始积累阶段与帝国主义的某些区别：前者是初期阶段，后者是最后阶段；前者的矛盾冲突主要发生于资本主义与非资本主义国家之间，后者的矛盾冲突主要发生于资本主义国家之间；后者较前者更激烈和更具毁灭性质。

第二，坚持对资本主义的深刻反思离不开对帝国主义生态扩张的持续关注与揭露。帝国主义也有它典型的外部特征，如资本主义国家之间为了获得殖民地、势力范围、投资机会而进行的竞争，国际贷款制度、关税壁垒以及金融资本和托拉斯在世界政治中的支配作用等。卢森堡一方面指出，由于这些现象同资本主义最后阶段的联系和它对于积累的重要性是如此显而易见，以致人人皆知，一方面又强调，人民不应该满足对这些外部现象的认识，而要进一步追究它们背后深层的原因，并因此再度将问题引向了那个对帝国主义更为一般的理解。在对帝国主义的特征的理解上，卢森堡是有别于列宁的。其中最关键的不同在于她没有把垄断看作帝国主义最具决定性的本质特征，而是把帝国主义与追求控制非资本主义的资本积累地区联系了起来，着重强调了帝国主义对外扩张的特征。

总之，卢森堡是从政治经济学的视角切入分析资本主义向全球范围内扩张的实质，这既是对资本主义的资本积累规律的深刻反思，同时又在一定程度上对马克思主义的世界历史理论以及资本主义批判学说进行了有效的补充和发展。这对于后来西方学界对于资本积累带来的生态帝国主义批判，提供了有益的先导性尝试和说明。卢森堡尽管从经济学着手，但关涉的问题深度是有着极为重要的生态维度的，这一绿色批判视野亟待我们持续予以关注。

第四章　马克思主义生态理论在当代的发展

马克思主义生态理论的发展变化，历经时代的考验，历经自由资本时代和垄断资本主义时代，进入21世纪以来，依旧焕发理论的光芒。不仅延续和继承马克思主义对资本主义的批判精神，而且融入对现当代生态问题的深刻关注与反思，在坚持资本主义生态批判和探索人类发展前途的基础上熠熠生辉。这一时期的发展既有在西方世界的理论探讨与争鸣，又有东方社会主义国家的积极实践与理论发展，是理论演进和探索前行的关键阶段。

第一节　马克思主义生态理论在西方的发展

马克思主义生态理论来源于西方文化背景，成为欧美国家学者持续探索解决生态危机的重要参考之一。无论是对于传统马克思主义还是社会主义阵营而言，探寻马克思主义理论中的生态意蕴，为当代生态危机找出一条合理的出路，一直是他们孜孜以求的初衷。事实证明，这也是马克思主义生态理论在西方发展过程中涌现出生态马克思主义、生态社会主义以及马克思的生态学等重要思想流派的思想历程。

一、生态马克思主义继续完善历史唯物主义

20世纪90年代之前，欧洲大陆马克思主义一直是西方马克思主义的主流，但从90年代开始，西方马克思主义在当代的主流已经转向英美马克思主义。生态马克思主义即是这一主流中具有重要影响的思潮之一，是具有重要影响的思想理论流派。任何思想理论都是时代的产物，生态马克思主义从根本上说是对资本主义现代化进程中出现并日益加剧的生态危机的反映，也是对传统社会主义国家在实现经济现代化过程中出现生态问题的反思，具有深刻的经济学考虑和生态学意蕴。同时，自20世纪50年代以来，尤其20世纪80年代末90年代初，国际形势动荡，不少西方理论学者不愿意承认马克思的生态思想，“环境主义”思想盛行；政治上，传统社会主义国家动荡的国内政治局势与生态问题、资本主义国家的环保社会政治运动以及全球性政治环保运动，这些思想和政治背景都促使生态马克思主义哲学家们必须严肃思考马克思主义的可信度、社会主义的前途及生态危机的根源和解决途径等问题。另外，生态文化传统和哲学家们的生活阅历也为生态马克思主义的产生和发展提供了肥沃土壤和条件。除了上述复杂的背景缘由以外，还得益于多重的理论来源与坚实的科学和实践基础。生态马克思主义是马克思主义发展的一个重要阶段；苏俄马克思主义，尤其布哈林的平衡理论、普列汉诺夫的自然地理环境论以及列宁的生态哲学思想对生态马克思主义也有重大影响；西方马克思主义是生态马克思主义最直接的理论来源，生态马克思主义本来就属于西方马克思主义在当代发展的新阶段；西方绿色思潮善待自然、尊重环境道德建设等伦理态度和思想对生态马克思主义哲学家也有启发和借鉴作用；生态学、系统论、自然资源学、自然地理学、气候学、物理学、化学等自然学科的发展，资本主义史、环境史、经济学等社会学科的新成果，以及指导生态文明这一新的文明形态建设的需要，为生态马克思主义的产生和发展提供了坚实的科学实践基础。上述问题是我们研究时首先要说明的内容，为此需要深入研究生

态马克思主义产生和发展的这些理论条件。

（一）生态马克思主义的萌发

马克思主义是生态马克思主义的生态哲学思想最重要的首要理论来源，这已经成为学界的共识。著名学者陈学明曾指出，在研究环境问题时，马克思主义被很多西方理论家指责为人类中心主义者和近代主体主义的继承人。在解决环境问题时，马克思主义不仅发挥不了指导解决环境问题的作用，反而还是导致当代环境危机的重要思想原因。而马克思主义哲学家一般都肯定人们在研究和解决生态危机问题的时候马克思主义所发挥的重要指导作用。事实确实如此。生态马克思主义哲学家都力图用马克思主义的立场、观点和方法为人类解决所面临的生态问题寻找答案。例如，美国生态马克思主义重要代表人物霍华德·L.帕森斯（Howard L.Parsons）就充分强调马克思主义哲学的基本原理对于生态学研究的奠基性意义，并对这一问题有广泛的研究。詹姆斯·奥康纳（James O′Connor）虽然认为历史唯物主义的经典缺乏对生态感受性的阐述，但他并没有把马克思主义与生态学对立起来，而是认为当今世界经济的主要轮廓几乎可以从马克思的经典文本所突显出来的理论视域中被解读出来。并指认马克思的社会主义观点中蕴含着人类与自然界辩证统一的和谐关系，人类不再由利润动机驱使去无限制地掠夺自然界，无限制地去扩大生产，而是以生态理性生产为基础来满足个人和社会的需要。其他如生态马克思主义学者乔尔·科威尔（Joel Kovel）、保罗·柏克特（Paul Burkett）等重要思想家也持有与上述哲学家们相似的看法，这都直接说明了生态马克思主义与马克思主义的理论渊源关系。生态理论是马克思主义题内应有之义，马克思主义是对人与世界关系的科学揭示。历史和实践都证明了马克思主义的科学性。虽然人们对马克思主义有自己的理解和体会，但随着历史和实践的发展，总是不断证明马克思主义对人与世界关系回答的科学性。马克思主义不仅不能被任何人驳倒，反而不断以新的理论内容改变自身的形态而向前发展。如从大的方面看有西方马克思主义、东方传统马克思主义等，仅就西方马克思主义而言，就有辩证唯物主义、人道主义、科学主义、分析学马克思主义、建设性后现代主义等诸多流派，都体现了马克思主义的强大生命力。

应该说，生态马克思主义代表20世纪末期马克思主义发展的新阶段，学者王雨辰更明确地提出，以生态马克思主义为代表的生态唯物主义哲学解读模式是西方马克思主义对马克思主义哲学解读模式之一，马克思主义对生态马克思主义的影响，既表现在其为人类谋福利的立场推动着生态马克思主义的性质和发展，也表现在其科学的世界观和方法论以及具体的理论观点对美国生态马克思主义的滋养。

（二）生态马克思主义的内涵与创见

生态马克思主义哲学家以马克思主义为指导，对当今生态危机等时代问题做出理论上的回应，利用马克思主义解决实践中的问题，并提出一些新的观点，引发人们的思考。但反过来，生态马克思主义以新的理解或观点过度修正马克思主义，甚至代替马克思主义，使马克思主义生态化、狭隘化，以偏概全，就会出现理论问题。为此，非常有必要对上述内容做进一步的研究，以便把握贡献与局限，辨明是非，吸取合理成分，批判并纠正不足，推动理论的发展并指导社会实践。

首先，生态马克思主义以新的内涵彰显了马克思主义的生命力。生态马克思主义赋予了马克思主义文化和自然新的内涵，建构了马克思主义的生态向度，在此基础上，进一步彰显了马克思主义在当代新的生命力。在对马克思的基本概念的阐释中，生态马克思主义延续了西方马克思对自然理解的传统。他们认为，虽然马克思主义并不否认客观存在的先在性，但它的自然概念本质上是一个社会历史范畴。生态马克思主义学者奥康纳揭示了传统历史唯物主义的自然概念的缺陷，发展了他的生态马克思主义的自然概念。奥康纳认为人对自然的依赖表现为人与自然的双向适应关系本质的统一，而文化是实现这一关系的途径。他进一步认为，自然系统既是人类实践活动的前提，也是人类实践活动的结果，自然是一个独立的历史存在。福斯特在提出“自然异化”与“新陈代谢”的基础上，进一步论证了人与自然的相互作用，构建了马克思生态学的自然理论体系。在马克思主义的历史分析和建构中，福斯特对自然的概念赋予了主动与生态的内涵。从人与自然之间的关系来理解马克思主义生态理论的性质，发掘历史唯物主义生态意蕴，进一步扩展了马克思主义自然观的内容。

其次，生态马克思主义拓展了马克思主义的批判视野。生态马克思主义认为资本主义为了促进经济的飞速发展，通过生态危机换取经济危机的延缓，以至于损害人们发展的自然生态环境，会让人类社会与自然界的矛盾替换成资本主义社会的主要矛盾，进而让马克思的经济危机理论让位于生态危机理论。生态马克思主义的这一思想，对于深化我们对马克思主义的认识，正确思考人类社会的发展以及指导我国绿色发展和生态文明建设都有重要的意义。生态马克思主义作为一种新的社会思潮，揭示了马克思主义的生态学内涵，对于解决当今世界的生态危机问题是有启发和借鉴作用的。生态马克思主义者敏锐洞察了时代的发展脉搏，研究了当前社会的生态危机，重新分析了传统的自然观念以及人与自然的关系，倡导要实现人和自然的和谐相处，实现经济效益与生态效益的共同发展。在一个世纪以来，随着人类社会的不断发展，人类的活动对自然的破坏力度增加，人和自然之间的矛盾加剧，人类社会出现了严重的生态问题。生态马克思主义认为，在美国，生态危机以及人类的生存困境，反映出了传统自然观中存在的问题，也就是人对于自然的工具理性态度，没有尊重自然以及自然的客观规律。生态马克思主义通过提升自然与文化的地位，以生态的视角批判纯经济增长，主张实现经济系统与生态系统的和谐，最终建立人与自然和谐的生态社会主义的理想社会。生态马克思主义者指出在当前资本主义社会中，人们只是一味地剥夺自然，并把自然作为一种控制和统治的对象，技术主要是被当作一种剥夺的工具，在资本主义的贪婪性和无节制性的驱使下，导致向自然索取过度并生产大量环境污染物，所以自然的异化和生态危机是资本主义逻辑的必然结果。由此可以看出，生态马克思主义者比一般的生态学家和环保主义者理解更深刻，视野更宽广。

最后，生态马克思主义发展了马克思主义的自然观。生态马克思主义认为，马克思主义关于人与自然、人与人之间关系的理论，对于人类合理的生态的生产、解决当代人的生存问题、实现人的自由而全面发展的目标具有重要指导意义。自然对人类的价值在于它是人类生存和发展的环境，为人类改善生活和实现个人价值提供资源等所需要的条件，是人类社会文明的重要组成部分。同时，生态马克思主义者又在思考现实问题时进一步深化和拓展了人与自然关系的理论，发展了马克思主义的自然观。他们认为，传统的马克思主义在自然观上存在缺陷，特别是对自然价值缺乏正确认识。奥康纳指出，马克思的理论虽然成功地展示了在不同生产模式下自然的地位和作用，但自然的重要性和价值还是往往被遗忘或放置于边缘位置。在批判传统马克思主义的缺点的同时，也指出了自然与人的现实价值关系。奥康纳认为，事实上，在人类物质生活、人类历史和人类意识的进步中，自然世界始终是人类的积极伙伴。就自然本身而言，无论它是“第一”自然还是“第二”自然，都对人类历史产生了影响。奥康纳在讨论生产条件的概念时，认为生产条件包括自然、基础设施、劳动力等。他在对资本主义剖析基础上，将自然、生产力和生产关系进行重构，并在三者之间建立起价值联系。虽然这一提法值得商榷，但它是在新时期完善马克思主义生态理论的一种新思路。

（三）生态马克思主义对历史唯物主义的完善及其局限性

生态马克思主义批判了传统的历史唯物主义，同时从不同的角度建构了所谓的历史唯物主义的生态维度，提出生态唯物主义和文化唯物主义。虽然他们在理论上做出了一定的贡献，但是，他们所建构的“新”历史唯物主义理论以及对资本主义生态和政治的批判仍然存在着很大的缺陷。一方面，生态马克思主义对文化在历史发展中的地位和作用的强调并未超出马克思历史唯物主义的社会劳动范畴。生态马克思主义阐述了文化和生产力与生产关系之间的关系，认为生产力不仅包括劳动总量，还包括劳动力的不同组合或合作方式，并与新型社会关系是紧密相连的。生产关系中所包含的财富类别也具有文化内涵。事实上，生态马克思主义所提出的生产力和生产关系的文化维度并未超过马克思历史唯物主义的社会劳动范畴，马克思的劳动范畴实际上已包含文化的内涵。另一方面，生态马克思主义的历史唯物主义与他所批判的“传统历史唯物主义”一样，对自然的认识有其不足之处。自然是生态马克思主义为重构历史唯物主义而引入的又一个基本范畴。生态马克思主义引用了大量的具体事实来论证自然及其规律对人类实践的影响。虽然生态马克思主义否定了环境决定论的唯心主义概念，但实质上，他们的理论同地理环境决定论过分强调地理环境的作用很相近。马克思主义唯物史观认为物质概念有两重意蕴，其一是与人民群众有关的物质实践“人化自然”，其二是不以人的意志为转移的人的“自然”。显然，生态马克思主义处理自然概念的方法实际上是在哲学中简化了物质概念。事实上，马克思的唯物主义物质概念更抽象、更一般、更丰富，而生态马克思主义在认识自然方面仍然存在缺陷。

二、生态社会主义试图重构社会主义的意涵

生态社会主义的产生和发展有深刻的社会原因及理论背景，是西方马克思主义重要的新兴流派之一，它对社会变革的现实途径和对未来社会的蓝图进行广泛的探讨，日益引起人们的关注。生态社会主义的产生并非偶然的，而是有其深刻的社会背景：其一，当代西方资本主义的发展使人与自然的矛盾日益突出，生态问题日益严重，越来越多的人对现存资本主义制度不满，要求从根本上解决生态问题，这是生态社会主义产生的最深刻的社会历史背景；其二，绿色运动增强人们的生态意识，为生态社会主义的产生提供了必要的现实条件；其三，一些社会主义国家出现的生态问题引起了西方学者的反思，导致了一些人对传统社会主义产生怀疑和动摇，开始思考一条新的道路：生态社会主义。生态社会主义正是在这些综合条件下应运而生，并日渐走向成熟。

（一）生态社会主义的产生及发展

社会主义，是在以马克思的理论方法和内容为基础的条件下，把人与自然的关系看作一个复杂的对立统一体，它认为资本主义制度是生态危机的主要社会根源，它的问题域和哲学基石不同于马克思主义和西方马克思主义，是在绿色运动中出现的一种“绿色社会主义”。它虽然是从绿色运动中发展起来的，但是与以绿党为主导的生态主义有着根本的分歧。生态社会主义是以马克思的方法论为基础，在文化价值取向上带有明显的现代主义和理性主义色彩，是以人类中心主义为核心的价值观。

生态社会主义从产生至今大致经历了三个时期：第一个时期是20世纪六七十年代，即生态社会主义萌芽时期。20世纪70年代在霍克海默尔与西奥多·阿多诺合著的《启蒙辩证法》中最早提到了生态社会主义。该书揭示了启蒙的辩证过程，批判了追求支配和统治自然的知识形式，提出了对“田园牧歌式生活”的向往，开辟了生态社会主义的先河。这个时期主要代表人物是鲁道夫·巴罗，他倡导社会绿色运动，致力于将共产主义运动和绿色运动结合起来，被称为西方社会主义生态运动的代言人。另一位是波兰共产党意识形态负责人亚当·沙夫。总的来说，这个阶段的生态社会主义者在理论上把科学技术和工业化视作生态危机的根源，并对其进行了直接批判。这一时期是生态社会主义理论发展的初级阶段，以绿色运动为主，对资本主义的批判基本未触及根本制度问题。第二个时期是20世纪80年代，即生态社会主义的发展时期。这一时期的生态社会主义者特别强调生态意识、生态理性、分散化的直接民主和非暴力原则。部分学者认为资本主义本身具有消除全球生态危机的能力，主张在资本主义制度内部以自由市场、分散化的经济、基层民主来进行改造，以实现由市场社会向生态社会的转变。在这个时期比较清楚地提出了生态社会主义的政治、经济等方面的主张。这段时期以威廉·莱斯、本·阿格尔和安德烈·高兹为主要代表人物。第三个时期是20世纪90年代以来，这是生态社会主义的成熟时期。这一阶段无论在理论上还是实践上，其发展势头都超过以往任何一个时期。

20世纪90年代对于生态社会主义者来说是一个机遇与挑战并存的时期。这个时期的生态社会主义应该说是一个全新的发展阶段。这个时期除了原有一些学者外又出现了新的代表人物，如乔治·拉比卡、瑞尼尔·格伦德曼、戴维·佩珀、詹姆斯·奥康纳、约翰·贝拉米·福斯特等欧洲学者和左翼社会活动家。

佩珀自称为生态运动中的“马克思主义左派”。他的主要理论贡献是在绿色运动阵营中重新对红绿定义，明确地把生态社会主义定义为“红色绿党”，把主流绿党和无政府主义为代表的流派定义为“绿色绿党”。重新理解两者在理论上、实践上的区别和联系，摆脱以往人们对生态社会主义和绿党概念不清的现象。从这一点上看这个时期的生态社会主义发展比起以往更加成熟和规范。红色绿党的成员由以下三个部分组成：一部分是绿党中的红色成员，主要是指在西方生态政治运动中由红色绿化而来的左翼人士，包括转入或加入绿色组织和绿党阵营的西方原共产党人、原社会民主党人，他们是绿党中激进的社会主义左派，其代表人物主要有波兰共产党意识形态负责人亚当·沙夫等；还有一部分是主张生态社会主义的左翼理论家和政治活动家，这些学者主张把马克思主义和生态政治思想相结合，其典型代表人物主要是法国的安德烈·高兹、乔治·拉比卡，德国的瑞尼尔·格伦德曼，英国的戴维·佩珀，美国的巴里·康芒纳，日本的岩佐茂等；最后一部分包括谋求与绿党结盟的西方传统的红色左翼社会主义运动中的共产党人和社会民主党人，其代表人物有德国前社会民主党副主席拉封丹等。所谓“绿色绿党”，就是绿色运动中以无政府主义为理论基础的、主张生态中心主义、后现代主义的派别，学者周穗明将之概括为传统保守主义、主流绿党以及绿色无政府主义和生态女权主义。“绿色绿党”的极端派是“深绿派”，即主流绿党和绿色无政府主义。佩珀认为要使生态社会主义取得实质性的进展，就必须首先把现存主要流派的基本观点的区别找出来，目的是填补它们之间的鸿沟进而使生态社会主义成为一种现实的、重要的政治力量。

（二）生态社会主义重构社会主义的立场

生态社会主义是建立在人与自然和谐相处基础上的，探索揭示生态危机的原因和解决途径，构建人类和自然和谐相处的生态社会主义理论。自从产生到现在虽然只有短短的几十年时间，生态社会主义经历了萌芽、发展和成熟三个时期，每个时期的理论都有自己的侧重点，但总体而言，自然观和对生态危机根源的分析是每个时期都要探讨的共同问题。

生态社会主义是伴随着生态危机出现而产生的思潮，所以它对于自然和人的关系特别关注。他们认为，人类是地球整个生态系统的一部分，而不是游离于它之外的独立存在物，人类的存在建立在与生物系统之间和谐、相互尊重的关系上。一方面，人类承认生物系统之间的相互关联性和相互依靠性，每一个存在物都要依靠另外的存在物来组成、展示和延续自己；另一方面，人类是生物系统链条中的核心环节。这种系统性是生态学的基本特性，也是生态社会主义的主要思维之一。生态社会主义者认为，人与自然是一个整体，他们各自为对方的一部分，相互联系、相互作用、相互渗透、相互依存。只在有限的范围内人类才处于主体地位，对其他生物握有主导权，在大多数情况下，自然更具有话语权，这表现在：其一，地球的演变历史证明，大自然以其独有的运动轨迹创造着一切，展示着其独有的魅力；其二，当人类的活动不尊重自然内在的规律时，大自然对人类施加惩罚，而它的破坏能力也令人类感到瞠目结舌。

20世纪90年代之前的生态社会主义者强调大自然的权利，强调保护自然的完整、稳定和美丽，它的产生和内容主要是针对自文艺复兴运动后尤其是启蒙运动后的那种狂妄自大、以人为中心的人类中心主义，认为这种人类中心主义是导致今天生态危机的主要根源。例如多布森认为培根的观点是生态灾难的根源，因为培根提倡科学家的目的就是从自然身上“拷问出它的秘密”，从而“控制和统治自然”。20世纪90年代以来的生态社会主义者认为自然和人类是相互辩证的关系，相互依存，相互发展，人类应该尊重自然界本身的规律，思考人与自然关系时应该继承马克思主义的自然观。

关于未来社会的构建，生态社会主义者们反对资本主义社会制度下的市场经济模式，希望建立一种保护生态环境、合理利用自然资源并能给人们带来美好生活的经济制度，要求这种经济制度必须在遵守生态法则的前提下构建。早期的生态社会主义者们过于极端，提倡一种经济“零增长”的经济模式，甚至要求人们回归山林，回到过去那种自给自足的小农经济，到20世纪七八十年代，人们开始思考，经济和生态如何和谐发展？“稳态经济”是当时生态社会主义者的基本主张。

社会公正是一个理论问题，更是一个现实问题。社会公正与和谐是理想社会的指标之一。生态社会主义者认为，生态危机的出现暴露了资本主义社会的尖锐矛盾：资本主义扩大生产和生态系统承载能力的有限性之间的冲突。只有推翻资本主义，才能摆脱生态危机。他们主张建立一个人与自然和谐相处、社会公正的生态社会主义社会。比起科学社会主义注重分配性公正，生态社会主义相对侧重于生产性公正和环境性公正，它主张社会公正包括：社会公平、环境公平、社会正义和自然正义。对此，不同时期的生态社会主义学者提出了自己的观点。高兹认为，生态保护的一个重要措施就是要控制异化消费，要公平、公正地保证产品的合理分配。可是这在现行资本主义制度下，在一个维护特权和追求利润最大化的制度中是不可能实现的。唯一的解决方式就是建立一种体现公平分配原则的生产方式：先进社会主义的生产方式。奥康纳对生态社会主义作过如下描述：生态社会主义是指一种在生态上合理而敏感的社会，这种社会以对生产手段和对象、信息等等的民主控制为基础，并以高度的社会经济平等、和睦以及社会公正为特征，在这个社会中，土地和劳动力被非商品化了，而且交换价值是从属于使用价值的①。在奥康纳看来，最重要的一点是从传统社会主义侧重分配性正义转向生态社会主义侧重生产性正义。戴维·佩珀把社会公平的范围从国内扩展到全球，他认为，由于利益的驱动，西方发达

① 詹姆斯·奥康纳.自然的理由：生态学马克思主义研究[M].唐正东，臧佩洪，译，南京：南京大学出版社，2003：45.

国家借助经济全球化的浪潮，把生态危机扩展到整个世界，使之真正成为整个人类的生存危机，由国内的不公正变为世界的不公正。佩珀批评现行的资本主义国家在很大程度上都是生态帝国主义国家。这种帝国主义是以无限价值扩张为目的，它丝毫不考虑扩张所带来的政治的、经济的、地理的或生态的后果。发达国家需要资本的扩展来获得更多的利润，而欠发达国家具有发达资本主义国家不可比拟的便宜的劳动力成本和丰富的自然资源，两方面的结合自然就成就了生态帝国主义的追逐之物。生态社会主义者认为，资本主义依然是以私人资本为基础的经济结构，它的最终目标是追求其利益的最大化，因此，他们提出，建立一个在经济、政治、生态相互统一的基础上的民主政治体系，以维护社会公正和平等。

生态社会主义以马克思主义理论为基础，深入研究了生态危机的资本主义制度根源，其理论研究的核心既反映了世人对生态问题的关切，又对生态社会的建设提供了重要启示，因为生态问题是超越了意识形态和社会制度的共同遭遇，它是各国必须关注的理论与现实问题，它关系到人类社会的和谐发展，关系到人类的命运，不但影响着人类的现在，而且也决定着人类的未来。

（三）生态社会主义对马克思主义生态理论的继承与偏离

生态社会主义立足于西方发达资本主义社会，它继承了马克思主义生态理论对于资本主义在生产方式、制度形式以及科技运用、消费主义理念等多维度的批判方法，揭示了生态环境问题的深刻根源，为人们正确认识生态环境问题提供了理论指导；它的生态重建主张对绿色社会变革有着重要的实践意义；它还扩大了生态运动的影响。然而，因其实现绿色社会变革的构想在理论和实践方面存在巨大的差距，使其最终陷入改良主义的泥潭。

依照生态社会主义的视角，生态危机的根源在于资本主义私有制，它标志着以人和自然关系为中介的人和人在自然资源占有、分配和使用上的利益关系的危机。他们认为是私有制将一切社会权力转变为个人权力，在资本主义社会中这种体制更为明显。个人获取物质财富的目的不再是为维持生计和满足消费需求，而是演变为获取社会权力的最基本方式。当资本主义市场经济把人们之间关系直接物化成了商品交换关系，随之而来的便是人对物的占有，对物质利益的不竭追求成为驱动社会生活发展的普遍原则。科学技术的发展更是加剧了私有制的根深蒂固的地位，同时也为资本增值提供了更加方便的渠道。消费主义以及其背后的价值冲动促使资本主义制度的合理性普遍得到认同，事实上这一系列的操作都是资本增值逻辑在发挥作用。正如著名生态政治学家科尔曼所说，资本主义制度“高度重视谋利以及与此相随的效率、物欲、经济增长等价值观，并进而激发技术服务于这些价值，甚至不惜损毁地球”①。为此，要解决这一根本问题，必须实行全新的生态社会主义模式。在他们看来，生态社会主义社会是人与自然关系和谐发展的高级阶段，有着独特的价值取向，即摆脱资本主义工业文明的生产合理性与生态合理性的相互矛盾，重建人与自然和谐的新型生存模式。生态社会主义社会应该是经济、社会与生态全面和谐发展的社会。相较于资本主义社会而言，生态社会主义仍需发展生产力和增长经济，只是这种生产力发展和经济增长必须是一个理性的、为了每个人的平等利益的有计划地发展。因而，它将是有利于生态的②。

但是我们也应该看到生态社会主义以弱化“人类中心主义”为前提的“人与自然和谐观”，在根本上与马克思的思路大异其趣。换言之，生态社会主义对马克思主义的重构企图是注定失败的，也是对后者的偏差与误读。一方面，生态社会主义对人的角色定位出现了空场。马克思认为，人对自然的主体地位是人借助实践而自我建构的必然结果，所以是人的“自我”观念和自我意识赖以确立的绝对前提。离开了这一自我中心化结构，人的方向与定位感是缺失的，自我反省意识也就不可能存在。为此，马克

① 丹尼尔·A.科尔曼.生态政治：建设一个绿色社会[M].梅俊杰，译.上海：上海译文出版社，2006：32.

② 戴维·佩珀.生态社会主义：从深生态学到社会正义[M].刘颖，译.济南：山东大学出版社，2005：336.

思主义生态理论一直坚持人在处理人与自然关系问题场域中的时刻在场，而非一味地弱化人类的角色意识与主动性。另一方面，生态社会主义在解决生态危机的根本出路上，有着不彻底性的缺陷。他们并不主张消灭资本主义私有制："我们不是主张把生产资料归还给工人，而是主张把创造理性和自我指导性还给长期生活在专家奴役之下的工人。"①事实上这是一种一厢情愿的方针，无法摆脱社会生产资料私有制的命运，更无法脱离资本增值逻辑的压榨与奴役。

因此，生态社会主义理论毕竟只是马克思主义生态理论在当代的发展成果之一，这一理论的合理性与真理性，还需要实践的检验。而在当代，较有效果的是中国特色社会主义生态文明建设实践。

三、马克思的生态学不断发展生态唯物主义

面对愈演愈烈的生态危机，美国生态马克思主义者福斯特并没有简单地认为传统的马克思主义理论缺乏生态哲学向度而对之加以全盘否定，而是在生态哲学维度上对原有理论进行重新解读，以展现蕴含在其中的生态哲学思想。也就是说，福斯特在现实生态问题的困扰下，返回到马克思主义，进而肯定并重建马克思主义的生态学说，以推动人类早日摆脱生态灾祸。

（一）马克思的生态学与生态唯物主义的提出

福斯特立足于唯物主义立场，以实践为基础，从生态学的视角梳理出自然、人与社会三者有机统一的生态唯物主义与自然—社会辩证统一的生态辩证法。他否定了部分学者对历史唯物主义存在生态哲学空场的批判，在生态绿色基调上重新赋予历史唯物主义以生存的合法权，同时将生态马克思主义思想研究上升到整体思维方式的哲学高度。

在福斯特看来，"马克思的世界观是一种深刻的真正系统的生态（指今

① 本·阿格尔.西方马克思主义概论[M].慎之，等译.北京：中国人民大学出版社，1991：515.

天所使用的这个词中的所有积极含义）世界观，而且这种生态观是来源于他的唯物主义的”[①]。因此，可以说福斯特从事生态研究主要目的之一，在于将唯物主义与生态学相结合，确切而言，在于研究唯物主义的发展如何促使生态哲学思维方式得以形成，以弥补当代生态哲学思想的主要缺陷——没能提出一种将“自然问题”归结为社会问题的辩证的生态唯物主义。福斯特将唯物主义理解为一种科学世界观，他引用伯特兰·罗素的话论证：“它（指唯物主义）已经和很多科学的进步联系在了一起，而且在某些时代，它几乎成了一种科学世界观的同义词。”[②]

重新解读马克思的唯物主义理论，梳理其中蕴含的生态唯物主义哲学思想，成为福斯特建构马克思生态哲学思想的理论基石。从这一理论基点出发，福斯特首先将研究工作主要集中在伊壁鸠鲁和费尔巴哈对马克思的唯物主义理论形成和发展产生重大影响的两位哲学先驱的理论当中。因为在福斯特看来，马克思是以伊壁鸠鲁的非决定论为前提，使唯物主义摆脱了机械论的束缚，将人类引向自由的视野；同时，费尔巴哈使唯物主义重返历史舞台，促使马克思在唯物主义立场上，重新阐释黑格尔的“合理内核”，使哲学透递出人类精神的聪慧与非凡。一方面，福斯特通过阐释与明确马克思生态哲学思想的理论维度，为研究自然与社会间的相互关系与作用奠定了坚实的理论基础，同时也为生态马克思主义思想研究提供了强有力的理论方法。在生态唯物主义与生态辩证法的基础上，福斯特继续深入阐述马克思对资本主义社会现实的生态批判，即以新陈代谢断裂理论为核心论域，阐述马克思生态批判的资本主义社会制度之维，最终将建立人与自然和谐共生的、可持续发展的生态共产主义社会确立为理论指向。另一方面，福斯特在阐发马克思主义的生态唯物主义思想和生态辩证法思想基础上，继续以生态哲学视角深入解读马克思主义理论，他认为无论是生

① 约翰·贝拉米·福斯特．马克思的生态学：唯物主义与自然［M］．刘仁胜，肖峰，译．北京：高等教育出版社，2006：8.

② 约翰·贝拉米·福斯特．马克思的生态学：唯物主义与自然［M］．刘仁胜，肖峰，译．北京：高等教育出版社，2006：2.

态唯物主义还是生态辩证法，都集中地体现在马克思关于自然与社会间新陈代谢断裂理论的论述当中。换言之，新陈代谢断裂理论是马克思运用生态唯物主义与生态辩证法，分析早期资本主义社会现实的研究成果，是马克思在生态唯物主义与生态辩证法的理论指导下，对早期资本主义社会现实的反生态性质所做的理论批判。

（二）马克思的生态学被解读为生态唯物主义

关于马克思的生态哲学思想，福斯特指出，马克思超越了“人类中心主义”和“环境中心主义”的二元对立，在他的理论当中恰当地处理了社会学、生物学和自然之间的关系，福斯特看到马克思系统地处理了土壤肥力问题、有机循环问题和可持续发展等问题。为此，他认为，马克思的思想中不仅存在着厚重的生态思想，而且这些见地在逻辑上与唯物主义本身有着密切关联，他称之为生态唯物主义。这是福斯特所独创的马克思的生态学解读方式。

第一，福斯特在理论维度上解读了生态唯物主义的内涵。在马克思对这些问题的处理当中，对人类产品与自然条件之间的关系，以及决定这一直接关系的间接社会关系的强调，就是在新陈代谢断裂理论的阐释中完成的。马克思在对前人思想继承与发展的基础上，进一步发展了自然—社会间新陈代谢断裂的思想。他指出，远距离贸易和城乡分离导致的农产品生产者与消费者的分离，是土壤养分流失即导致新陈代谢断裂的主要原因之一。由于远距离贸易和城乡分离是资本追求利润的主要途径，因此，马克思声明，资产阶级正是利用手中的资本剥夺土地、剥夺自然。也就是说，经济地位的不平等，导致对自然资源占有的不平等。换言之，即资本主义私有制度导致人与自然间的异化和人与人之间的异化，也就是人类自身的异化。当然，马克思并不否定异化在人类发展史上存在的必然性，甚至将异化尊奉为人类觉醒和理性萌发的印证；同理，资本主义私有制同样有其存在的历史必然性，但必然性并不代表着其合理性。

第二，福斯特在实践意义上对马克思的生态学思想进行解读，并构建出一种生态唯物主义思想视角。他通过对马克思新陈代谢断裂理论的来源和内涵的深刻分析，认为新陈代谢断裂理论构成了马克思生态哲学思想的重要理论基础。在他看来，马克思正是通过新陈代谢断裂理论，阐明了人类文明招致生态困境的本质、来源以及超越它的途径。关于生态哲学理论，福斯特分析得出，面对当下日趋恶化的生态困境，生态哲学的发展却不能尽如人意。在他看来，阻碍生态哲学发展的原因主要有两个：一是传统的学科划分，割裂了社会学与生物学和自然之间的联系；二是工业革命带来的经济和技术的巨大进步，一时间使人类沉醉于理性的胜利，膨胀的主体性使人类遗忘了自然母体的先在性和基础地位，当人类自大地沉浸在社会发展的加速度当中时，环境问题没能在人类的意识当中获得应有的重视。这反映在理论界，则表现为古典的理论家们夸大了社会领域相对于自然的独立自主权，社会学的发展也似乎忘记了自然的制约。

正如福斯特所言，“马克思的世界观是一种深刻的、真正系统的生态（指今天所使用的这个词中的所有积极含义）世界观”[①]。应当说，在马克思恩格斯对资本主义所做的政治批判、经济学批判和文化批判的思想中，包含了许多重要的生态哲学思想，这些思想在人类没有遭遇严重的生态问题的时期，往往被人们所忽略。而在今天，随着生态问题成为威胁人类生存的致命性问题，重新挖掘马克思主义理论中的生态哲学资源，就具有重大的意义。这一理论工作，无论对于新的历史条件下丰富和发展马克思主义，还是对于我们成功地应对生态困境，推进生态文明建设，都具有重大的理论意义和现实意义。

基于上述分析，福斯特和其他生态马克思主义代表人物对马克思主义生态哲学思想的重新阐释，具有重要的价值和理论创新。然而，我们在分析中也不难发现，福斯特的生态马克思主义思想也存在着理论上的缺憾与不足，主要体现在以下三个方面：其一，福斯特将生态唯物主义与生态辩证法分别置于唯物主义与自然辩证法两个领域内进行理论梳理与建构，未

① 约翰·贝拉米·福斯特.马克思的生态学：唯物主义与自然[M].刘仁胜，肖峰，译.北京：高等教育出版社，2006：13.

能体现出生态唯物主义与生态辩证法二者作为生态哲学思想的内在统一性。其二，福斯特对马克思主义生态学说的理论建构，立足于宏观的思想维度，缺乏马克思主义理论内在的人本学维度。因此他忽略了马克思异化理论内在的社会生态学维度。其三，福斯特在建构马克思主义生态学说的过程中，虽然同马克思恩格斯一样，认识到生态困境的根源在于资本主义社会制度本身，但是他未能将此批判上升到社会分工领域，因此，他对马克思主义生态批判思想的理解还不够深刻。

第二节　中国化马克思主义生态理论的发展

中国共产党在社会主义建设的各个阶段始终都关注人与自然的关系，深刻把握人与自然关系的协调性。毛泽东、邓小平、江泽民、胡锦涛和习近平等国家领导人，根据不同的发展阶段和时代背景，不断提出、继承和完善资源节约和环境保护等同生态思想密切相关的理论观点，最终形成了一套系统的中国特色的生态文明建设道路。正如党的二十大报告所提到的，人与自然是生命共同体……坚持可持续发展，坚持节约优先、保护优先、自然恢复为主的方针，像保护眼睛一样保护自然和生态环境，坚定不移走生产发展、生活富裕、生态良好的文明发展道路，实现中华民族永续发展。这一过程是将马克思主义生态理论不断与中国国情实际相结合的实践历程，是推动马克思主义基本原理不断中国化、大众化和时代化的根本需要。从理论视角来看，在这过程中，先后形成了生态发展观、生态文明观和生命共同体思想等一系列重要成果。

一、生态发展观的嬗变

马克思主义生态理论的核心主题是将生态纳入发展的思维场域中去。理性的发展方式和科学化的发展治理是中国共产党人在长期建设、改革与发展实践中得到的真切认知。中国共产党人自新中国成立以来一直将提高人民生活质量获得更高发展水平作为自己执政为民的重要诉求，应该说这一思维逻辑影响深远。新中国成立之初，为恢复国民经济秩序，使社会生产与人民生活步入更高阶段，党和国家在这方面做了不少工作。伴随着对生产力发展规律的了解和治理经验的不断丰富，尤其是一系列自然灾难和人为导致的生态环境破坏事实的出现，都促使我们党和国家开始逐步反思经济社会的发展方式，探索从发展主义到可持续发展，发展循环经济，节约型社会，再到提出科学发展观等理念。进入新时代以来，如习近平总书记在党的二十大报告中所谈到的，推进美丽中国建设，坚持山水林田湖草沙一体化保护和系统治理，推进生态优先、节约集约、绿色低碳发展更是成为我们重视生态发展的核心关键词。

（一）新中国成立初期的唯增长主义战略

增长主义是新中国成立初期中国共产党人处理经济发展与生态环境之间关系的基本立场，在国民经济发展水平较低的客观现实环境下被迫进行的战略决策。对于增长主义战略的典型双重性，著名生态学者张云飞做了概括，“一方面，极大地推进了社会生产力的发展，在西方社会实现了工业化，使现代化成为整个世界历史的潮流；另一方面，也带来了一系列的危机。在应对资本主义挑战的过程中，社会主义建设也在一定程度上受到了这种单纯追求增长的发展观影响”①。

当时存在一句名言：“世间一切事物中，人是第一个可宝贵的。在共产党领导下，只要有了人，什么人间奇迹也可以造出来。”②事实上，这是当时的国情和发展需求所决定的，有着中华民族渴望复兴与强大的内在诉求。当时，增长成了发展的轴心，单纯的经济指标成了衡量发展的准绳。盲目追求经济增长不仅会引发经济危机，还会诱发其他问题。一方面，片面的增长是不关心人自身的，带来了人的异化。经济增长不仅没有解决人

① 张云飞.唯物史观视野中的生态文明[M].北京：中国人民大学出版社，2018：422.

② 毛泽东选集：第4卷[M].北京：人民出版社，1991：1512.

的基本生存问题，而且使得问题越发严重；另一方面，片面的经济增长不关心自然，由此造成了生态异化。这种发展观尽管在当时一度对我们综合国力的恢复发挥了有效作用，带来了人民生活水平的短期飞速提升，但事实上它不具备可持续性，同时给自然生态带来的危害也是显而易见。新中国成立初期尤其是全面推进社会主义建设时期，大炼钢铁等盲目追求增长主义的机械发展思维和举动，造成了难以弥补的自然破坏与环境问题。对此，以毛泽东同志为代表的领导集体也专门提出要协调和均衡人与自然之间的关系，抓好经济发展与社会发展之间的关系，正如他所提到的“搞社会主义建设，很重要的一个问题是综合平衡”①。这里的平衡就是指协调发展，有着深刻的可持续发展意蕴。

正是由于我们在新中国成立初期经历过唯增长主义战略的阶段，党和人民对于需要什么样的发展，什么样的人与自然、人与社会关系才有了更为真切的体会。带着实践出真知的收获，我们在摸索马克思主义生态理论与中国国情实际相结合，与中国人民发展真实需要相一致的路上不断前行，也为后来的可持续发展战略提出奠定了历史基础。

（二）改革开放初期的可持续发展战略

在邓小平同志力推之下改革开放的大门为中国现代化发展提供了前所未有的机遇，但与此同时，党和国家也开始意识到经济社会发展过程中的环境污染和自然资源浪费等现象愈发严重。为此，在邓小平同志时期就开始不断加大环境立法与生态环境保护。随着工业化和城市化的不断发展，人口数量的剧增，消费水平的不断增加，资源和能源的消耗也在不断增加，尤其是不可再生资源的消耗，总之，对生态环境造成极大的伤害。面对全球性的生态危机和资源危机，世界各国纷纷将保护生态环境作为国家建设的重要方面。我国改革开放后，人民生活水平稳步提高，国家发生了翻天覆地的变化。然而粗放型的经济增长方式和生产方式导致生态环境产生新的问题，如土壤退化等。以江泽民同志为核心的第三代中央领导集体

① 毛泽东文集：第8卷[M].北京：人民出版社，1999：73.

结合国际生态建设和治理经验，继承和发展前两届党中央领导集体强调尊重自然、协调发展的绿色思想，实施可持续发展战略，从全局角度探索我国的生态环境建设和经济建设。虽然我国改革开放取得了丰硕成果，但是经济发展与生态保护的矛盾日益突出。从全面协调经济、社会和环境的角度出发，以江泽民同志为核心的中央领导集体提出，在我国社会主义现代化过程中实施可持续发展战略。

在1995年党的第十四届五中全会上，江泽民同志指出："在现代化建设中，必须把实现可持续发展作为一个重大战略。要把控制人口、节约资源、保护环境放到重要位置，使人口增长与社会生产力发展相适应，使经济建设与资源、环境相协调，实现良性循环。"[①]在我国，资源和环境承载力一直承受着较大压力。因此，出于经济与人类长远发展考虑，1997年在中国共产党第十五次全国代表大会上，党中央正式将可持续发展战略确定为我国经济发展的重要战略。坚持可持续发展战略，一方面，要正确认识经济发展与生态保护之间的关系。江泽民同志特别强调保护生态环境的重要性，坚决不走西方发达国家先污染后治理的老路，要求经济社会的发展和生态污染的防治二者协调共同进行，并且提出"保护环境的实质就是保护生产力"[②]。另一方面，要缓解人口增长与自然资源不足之间的矛盾。其一，继续坚持计划生育政策，严格控制人口数量。自邓小平同志强调和严格控制人口之后，我国的人口增长有所缓和，但是人口数量仍旧巨大，对自然环境和经济发展产生严重的制约影响。因此，江泽民同志强调严格落实计划生育政策，调整人口结构。其二，发展科学技术，提高科技水平在生态环保中的积极作用。发展科技，提高资源利用率，提高生产效率，实现增产节约。提高创新能力，开发利用清洁新能源，既节约资源又清洁环保。除此之外，为切实有效地推进可持续发展战略，党和国家还专门提出多项绿色环保举措，同时积极推动西部大开发战略，为落实可持续发展奠定科学基础。

① 江泽民文选:第1卷[M]. 北京:人民出版社,2006:463.

② 江泽民文选:第1卷[M]. 北京:人民出版社,2006:534.

（三）新型工业化时代的科学发展观战略

随着我国社会主义现代化建设的需要，生态环境的压力日益加大，我国的生态环境问题已成为制约国家整体发展的瓶颈。虽然党中央领导集体的绿色发展理念及实践，对生态环境的问题有所改善，但是形势依旧严峻。面对严重的全球生态危机，如臭氧层破坏严重，生物多样性锐减等问题，生态安全已经成为国家安全的一部分。以胡锦涛同志为总书记的党中央继承和发展历届党中央领导集体的生态思想，提出科学发展观，促进经济社会和生态环境的共同发展，实现人的全面发展。在中国共产党的第十七次全国代表大会上对科学发展观进行科学阐述，并将其写入党章。坚持以人为本，要求党和国家的一切工作从广大人民的根本利益出发，提高国家经济实力和综合国力，既要保障人民的各种权益，又要满足人们日益增长的物质文化需求。坚持全面发展，要求树立全局意识，避免只追求经济发展而忽视生态建设的发展模式，推进国家的整体建设。坚持协调发展，要求统筹规划，促进我国的生产力与生产关系，经济基础与上层建筑相互协调和共同发展。坚持可持续发展，要求发展思路和方式要有利于促进人与自然的和谐发展。科学发展观不是一句空话，需要更多具体的实施步骤。为此，建设资源节约型和环境友好型社会的提法成为落实科学发展观的直接措施，在解决当时资源浪费和环境破坏的问题上发挥了较为突出的作用，随后，党和国家又由此提出生态文明建设的理念。

在科学发展观相关要求中有两个要求提到了生态环境问题，一是我国经济的快速发展要与人口问题相协调。这一点与科学发展观的内涵相一致，着重强调发展经济不能只强调经济的发展速度，还要求质量和效益相统一，要坚持可持续发展。二是树立和落实科学发展观，需要我们因地制宜、因时制宜把科学发展观贯穿于各个方面。这一点与马克思的实践观点相符合，即在实际工作中，我们要坚持一切从实际出发，理论联系实际。在现实生活中，我们节约资源、保护环境也要一切从实际出发，不能急于求成。如梯田项目，梯田要注意防止侵蚀，大多数梯田边缘都围有石墙，以防止土壤流失，在没有石头的地方，梯田的边墙采用了长满草的土埂。在梯田“台阶”内的土壤能够保存雨水，确保植物得到充足的水分，哈尼梯田作为云南梯田的代表作，被誉为“中国最美的山岭雕刻”。因而，因地制宜、因时制宜把科学发展观贯穿于各个方面，就能造福人类。胡锦涛同志提出：“大量事实表明，人与自然的关系不和谐，往往会影响人与人的关系、人与社会的关系。如果生态环境受到严重破坏、人们的生产生活环境恶化，如果资源能源供应高度紧张、经济发展同资源能源矛盾尖锐，人与人的和谐、人与社会的和谐是难以实现的。”①人们为了追求经济的发展，向自然界进行索取，无止境地利用自然，超出了自然界的承载能力和承受范围。地球这个蓝色的球体是人类共同的家园，只有像保护眼睛一样保护它，我们才能生存和发展下去。破坏自然必定带来地球母亲的报复，而这个结果是人类无法承受的。因此，坚持科学发展观，保护生态环境是发展的题中之义。

（四）新时代的绿色发展定位

绿色发展作为“十三五”提出的“五大发展”新理念之一，是结合当今时代发展特征创造性地吸收了优秀的东方文明和马克思主义生态理论成果，将生态文明建设与经济、政治、文化、社会建设相融合而形成的全新发展理念。“绿色发展”不同于传统的发展理念，它着眼于生态环境的实际容量和资源的实际承载能力，追求的是经济社会的可持续发展。绿色发展是一个体系庞大内涵丰富的系统，涉及绿色环境发展、绿色经济发展、绿色政治发展、绿色文化发展等既相互独立又相互依存的诸多子系统。“其中，绿色环境发展是绿色发展的自然前提；绿色经济发展是绿色发展的物质基础；绿色政治发展是绿色发展的制度保障；绿色文化发展是绿色发展内在的精神资源。”②

英国环境经济学家大卫·皮尔斯等著的《绿色经济蓝皮书》于1989年

① 胡锦涛文选：第2卷[M].北京：人民出版社，2016：295.

② 王玲玲，张艳国.“绿色发展”内涵探微[J].社会主义研究，2012(5)：143.

出版，作者首次提出“绿色经济”的新观念，引起了包括中国在内的许多国家的重视。2003年召开的中国共产党第十六届三中全会，首次明确提出“科学发展观”的发展理念，这一理念内在地包含了绿色发展的要求。2007年中国共产党第十七次全国代表大会更是提出建设“生态文明”的要求，对树立绿色发展理念、发展绿色经济、走绿色发展道路提出了更加迫切的要求。2011年进一步提出中国在“十二五”期间坚持以绿色、低碳发展为政策导向，“绿色发展”独立成篇，被写进国家发展规划。2012年，绿色发展第一次出现在党的十八大报告中，坚持绿色发展成为全国共识。2015年党的十八届五中全会审议通过了“十三五”规划，“五大发展”新理念被首次提出。于此，以习近平同志为核心的党中央将“绿色发展”提到治国理政的战略高度。

党的十九大和二十大的报告将生态文明建设从发展维度不断提升到社会主义现代化国家的重要议题之中，并逐步予以落实。国内研究绿色政治的著名学者郇庆治认为，绿色发展是人类在面临日趋严重的生态危机和资源困境的现状下，发展的至上性和无条件性受到前所未有的挑战下形成的环境或可持续发展共识①。人类要获得真正的解放和自由，必须用整体、系统、关联和平衡的思维方法及其手段来对待、处理自然和社会之间以及人类和自然之间的关系问题②。绿色发展用系统的整体性思维来聚焦人类发展与自然资源、生态环境之间的关系，打破了以往人与自然“主客两分”的思维定式。在尊重自然规律、科学认识自然规律的基础上，利用自然资源，实现以人为本和以生态为本的统一。绿色发展在生产、生活方式上强调绿色化、生态化，是一种生长式的发展。它把人类作为整个生态环境的组成部分，在满足人类需求的同时促进生态的优化，实现人类与自然的共生共荣。绿色发展主张用文明的方式而不是野蛮的、粗鲁的方式来对待自然，以建设生态文明、追求大多数人共享的绿色福利为愿景。它这才是真正的马克思主义所倡导的“共享”的发展。绿色发展以绿色创新为动

① 郇庆治.环境政治国际比较[M].济南:山东大学出版社,2007:3-6.

② 郇庆治.国际比较视野下的绿色发展[J].江西社会科学,2012(8):5-11.

力，尊重人的创造精神，提高了人的综合素质，有利于人的全面发展。绿色发展主张经济发展与生态环境、社会环境相协调，人的发展与社会发展相统一，践行了马克思关于人的全面发展的立场。

工业文明的发展导致生态破坏和人类生存环境的恶化，绿色生态运动在全世界范围内兴起。人与自然之间的关系成为研究的关注点，但全面深入地探究仍有待展开。马克思主义生态思想蕴含了丰富的绿色意蕴，对人与自然之间的关系做出了前瞻性的论述。福斯特认为，生态思想并不是马克思著作的“说明性的旁白”①，生态思想在马克思和恩格斯的许多经典文本中都有涉及，有些还做了触及本质的表述和实例论证。绿色发展理念的形成是重新回归马恩经典，从整体上进行深入分析和解读，挖掘其中包含的绿色意蕴，这是对生态文明建设道路的创新设计。绿色发展理念以人与自然和谐共处为价值指导，遵循生态可持续原则，以构建“美丽中国”的绿色发展为目标，在经济发展模式上主张增加绿色因素，鼓励科技的绿色创新和实现产业的绿色转型，在生活理念上提倡树立绿色生活理念，适度、理性消费，加强绿色文化体系建设，引导人民群众形成绿色价值观，在生态环境保护上养成文化自觉和生态自觉。其憧憬的理想社会是每个人全面的发展和自由幸福的生活，人与自然和谐统一。这是在回归马克思主义生态理论后，符合中国国情的理论构建和理念选择。

二、生态文明观的出场

1987年，学者叶谦吉先生在全国农业研讨会上针对国内生态环境问题越发严重的现实情况，从实践层面提出“生态文明”概念，倡导要大力建设生态文明。1988年，他在其《生态农业：农业的未来》中首次对“生态文明”一词下定义，认为生态文明是“人类既获利于自然，又返利于自然，在改造自然的同时又保护自然，人与自然之间保持和谐统一的关系”。

① 约翰·贝拉米·福斯特．马克思的生态学：唯物主义与自然[M].刘仁胜，肖峰，译．北京：高等教育出版社，2006：11.

2007年胡锦涛同志在党的十七大报告中明确提出要“建设生态文明”，并概括了生态文明建设的长远目标和战略重点，“生态文明”从此广泛地进入了人们的视野中。2012年，党的十八大将生态文明上升到了新的高度，将其纳入了社会主义事业“五位一体”总体布局；2017年，党的十九大再一次提升了生态文明的地位，生态文明也逐步成为中国特色社会主义理论体系中一个不可或缺的组成部分；2022年，党的二十大提出推动绿色发展，促进人与自然和谐共生的生态文明建设。在20世纪80年代以前，学术界常常用“生态意识”“生态思想”等词汇来讨论意识层面的生态问题。1982年，余谋昌先生首次提出了“生态观”的概念，认为生态观主要是关于自然生态的系统观（或整体观）。事实上，在不同的历史发展阶段，人类在反思自身行为的过程中就如何解决生态环境问题所形成的不同观点和理论，就构成了不同的生态观。可以说，生态文明观实际上就是人们关于人与自然关系以及人与人、人与社会、自然与社会之间关系的总的看法和根本观点。

第一，中国特色社会主义生态文明观可以简单理解为“中国特色社会主义”与“社会主义生态文明观”概念的合称，是中国共产党立足自身话语特色，根植于国内基本生态国情，旨在探讨人与自然关系、社会与环境关系问题，能够解决中国现实问题的价值理念，并在此基础上助力国内生态文明建设、发挥生态文明建设现实的以及潜在的影响力。简言之，所谓中国特色社会主义生态文明观，就是指中国共产党带领全国人民立足于中国传统文化中的保护环境观念、以西方国家生态理论与实践为借鉴，从国内基本生态环境现状出发、以解决国内现实问题为目的，从而创造出的具有中国特色、民族特色、时代特色的生态文明思想认识。

第二，需要正确认识中国特色社会主义生态文明观与其他生态文明观之间的关系。一方面，要认清中国特色社会主义生态文明观与社会主义生态文明观之间的关系。毋庸置疑，它们都具有社会主义的属性，这是两者的共同之处。简单来说，社会主义生态文明观从广义上讲是指属于社会主义体系国家的生态文明观，可以指中国的，也可以是世界上其他社会主义国家的；从狭义上讲，就是指根植于中国文化、具有中国特色的社会主义生态文明观，也就是中国特色社会主义生态文明观。两者之间就是“大”与“小”的关系。需要指出的是，书中出现的社会主义生态文明观基本采用狭义上的定义。学术界也基本上将社会主义生态文明观等同于中国特色社会主义生态文明观。另一方面，要辨明中国特色社会主义生态文明观与马克思主义生态文明观（思想）之间的关系。马克思恩格斯两位伟人在论证社会主义的过程中，对人与自然的关系进行了深刻的思考，对新时代下的中国乃至世界改变生态环境、建设生态文明仍有着重要的参考价值。中国共产党带领中国人民在进行生态实践过程中，也始终坚持着马克思主义的世界观和方法论。可以说，马克思主义生态文明思想与中国特色社会主义生态文明观之间是一脉相承的关系，前者是后者的基础，没有马克思主义生态文明思想，中国特色社会主义生态文明观就会成为无源之水；后者是对前者的继承与发展，基于新的实践与国情，中国特色社会主义生态文明观赋予了马克思主义生态文明思想鲜明的中国特色、民族特色、时代特色，使其在中国焕发出新的活力。

第三，要把握好中国特色社会主义生态文明观与资本主义社会倡导的环境伦理观之间的关系。在环境问题以及生态危机出现后，西方资本主义国家开始反思人类行为对生态自然造成的伤害，认为生态环境问题的罪魁祸首在于以人为尺度的人类中心主义，提倡对自然施以人道主义关怀。在此基础上产生了生物中心主义、生态主义、生态马克思主义、建设性后现代主义等一系列资本主义国家倡导的生态环境思想。但是，这些思想观点万变不离维护资本主义的宗旨，始终维护的是资产阶级的利益，并没有从整个人类的角度去思考如何改善恶劣的生态现状。与此不同的是，中国特色社会主义生态文明观在总结人类生态实践经验的基础之上对如何建设生态文明所作出的社会主义的回答，赋予了生态文明观以社会主义意识形态属性，倡导共建人类命运共同体。事实上，中国特色社会主义生态文明观是对西方发达国家环境伦理的超越，也是马克思主义生态理论在马克思主义中国化进程中的积极产物和先进成果。在社会主义生态文明观看来，只有将对自然的人文关怀与追求人类的发展进步有机结合起来，才能真正构建人与自然和谐共生的命运共同体，彻底解决生态环境问题。

三、生命共同体的彰显

党中央坚持辩证唯物主义和历史唯物主义的方法论作为指导，将生态文明建设作为党和国家持续健康发展的重要战略思想，党的二十大更是明确了生态文明建设的战略地位。“人与自然是生命共同体”的理念是被实践证明了的人与自然关系的真理性认识。人与自然生命共同体思想的主要内容，在狭义上就是以习近平人与自然生命共同体思想为主，它内容丰富、意蕴深刻，涉及多方面多领域，为当前中国特色社会主义的生态文明建设提供了理论依据，也为平衡人与自然之间关系提供了思想指导。

第一，生态与文明共进的生态文明观。习近平总书记指出：“历史地看，生态兴则文明兴，生态衰则文明衰。”[①]人类社会在文明兴衰交替中不断向前发展，人类文明的兴盛与生态的兴衰关系密切，无法割裂，人类文明与自然生态正在相辅相成之中开创了历史的滔滔长河。若是人类对生态大肆破坏，违背携手共进的准则，人类将遭到自然的报复，人类文明也将随之坍塌。人类文明一路走来，途径各个不同发展阶段，每个阶段有每个阶段的荣光，抑或是衰退落寞，但都是时代发展的影子，是留在人类文明历史长河中的一个个倒影，映射着历史的变迁，等待着人类去探索和反思。以崭新的姿态出现的社会主义生态文明，要求重新审视人类文明发展与自然之间的关系，以促进在产业结构、文化观念等方面全面融入生态化建设，促进社会各方面绿色发展。党的二十大报告对生态文明高度重视，将人与自然和谐共生的绿色发展提高到重要位置。要求我们必须凝结全民力量，以实际行动回馈自然，在生活中重视生态文明建设，做到人与自然的关系更和谐。以负责任的态度行动起来，保护环境，保持自然界生态系统平衡，还自然以宁静、和谐、美丽，实现美丽中国梦，从而推动人类社

① 习近平关于社会主义生态文明建设论述摘编[M].北京：中央文献出版社，2017：6.

会文明进步。生态文明体现的是一种人与自然永续和谐的关系，在永续和谐中推动生态与文明共进，达成人与自然的融合，丰富可持续发展的内涵，使生态文明贯穿人类文明的发展进步的全过程，顺应人类文明的历史发展规律。

第二，与自然共生的和谐共生观。人与自然在有机统一整体中和谐共生。习近平总书记指出，“人因自然而生，人与自然是一种共生关系”①，说明两者之间关系的至关重要性。人与自然的共生关系需要从整体出发来研究人与自然的不解之缘，要加强对这一理念的重视。“山水林田湖是一个生命共同体”②，更是揭示了人与自然的发展就是一个互相联系的有机整体。在党的二十大报告中进一步强调了人与自然之间关系的密切性，两者生生相息、命脉与共。生命共同体作为人与自然良好互进的内在存在状态，对缓解二者间的对立关系，谋求每个生命个体存在的价值有着重要意义。人与自然的和谐共生，是对人与自然关系的理性认识和生存本质的价值追求，是人类在整体性、系统性的思维高度对生存方式的深刻认识。在倡导人与自然和谐共生的当下，要认识到处理好人与自然关系的重要性。在经济发展的过程中以适宜的生态环境作为经济持续增长的基本前提，保护生态环境，人类应该学会同自然和解，不要为了片面利益而影响自然利益。在不断推进现代化建设的过程中，要以自身实践创建人与自然友好相处的理想状态。

第三，关乎民生福祉的环境民生观。给广大人民带来更多的民生福祉是中国共产党人的不懈追求和努力奋斗目标，为中国人民谋幸福，让广大人民群众生活得更美好是中国共产党人在每个历史阶段都在努力做的事情。随着社会的不断发展和社会主要矛盾的改变，人民的生活质量提升，优美的生态环境在人民心中的期待值增加，环境问题愈加成为大家关心和重视的民生问题。民生福祉不仅仅是要保障人们的衣食住行等生活方面的问题，更要重视人们生活环境质量的改善，让人民群众可以享受干净的水

① 习近平著作选读：第1卷[M].北京：人民出版社，2023：603.

② 习近平著作选读：第1卷[M].北京：人民出版社，2023：173.

源、新鲜的空气。习近平总书记指出“良好的生态环境是最公平的公共产品，是最普惠的民生福祉”[①]。现实中的生态环境问题对我们的生活有着非常重要的影响，对良好的生态环境的追求是大家对美好生活的共同向往，习近平同志多次强调：“环境就是民生，青山就是美丽，蓝天也是幸福”[②]。要充分满足人民的生活条件和发展需求，生态环境的改善也是特别重要的环节，它会给人民的生活带来极大的舒适感、满足感和幸福感。要特别重视生态环境建设工作，坚持把人民群众对美好生态环境的期待落到实处，在推进生态文明建设上，让生态环境与民生幸福成为新时代促进经济发展的重要价值指向。

第四，重视绿色发展的自然价值观。习近平总书记指出，“我们既要绿水青山，也要金山银山。宁要绿水青山，不要金山银山，而且绿水青山就是金山银山。”[③]这样的精辟比喻，生动形象地概括出了生态环境保护与经济发展之间的重要关系。习近平总书记2005年在浙江余村考察时最早提出了这一科学论断，之后对这一科学论断又有许多新的阐释。从理论和实践层面科学完整地回答了两者之间的深层次关系，揭示了生态环境保护对经济发展的重要作用。大自然为我们人类提供可供生存生产的物质资料，我们人类在尊重自然规律的基础上发挥主观能动性加工自然资源，变成我们生产生活的各种宝贵财富，为我们人类的生存和发展提供各种选择，从不同程度上建立起了人与自然的联系，让我们的生产生活得到改善发展。我们之前的社会发展更重视经济的发展建设，对生态环境的重要作用缺乏足够的认识，对自然环境造成了极大的破坏。严峻的现实不停敲打我们人类，对生态环境不手下留情，生态环境就会给我们深刻的教训。重视绿色发展，通过绿色发展来保证资源的合理利用，促进生态系统的良性循环，让绿水青山转化成推动生产力发展的经济价值，两者的友好转化将带动其他产业的发展。在保护绿水青山的实践行动中，大自然会逐渐反馈恩泽于

① 习近平著作选读：第1卷[M].北京：人民出版社，2023：113.

② 习近平关于社会主义生态文明建设论述摘编[M].北京：中央文献出版社，2017：12.

③ 习近平关于全面建成小康社会论述摘编[M].北京：中央文献出版社，2016：171.

我们，人与自然之间的冲突缓和了，社会生产力也会有更多的提高。要使经济生产力与自然生产力相协调，经济生产与自然资源就要建立一种合理协调、共荣共通的关系，推动社会生产力、社会进步和生态环境保护的和谐统一。

第五，提供可靠保障的生态法治观。良好的自然生态环境需要制度的支撑。生态制度的完善无疑对生态环境保护是起关键作用的。生态文明建设不仅要拥有良好的自然生态环境，还包括人们生产生活方式和思想观念上向绿色环保方面发展、转变。要让人与自然的关系在整个人类发展进程中相依存共发展还需要制度的大力支持和法治的保障。保障生态治理工作的顺利开展，对人与自然之间的友好发展以及促进当地经济水平提高都起着重要的作用。那么，加强生态法治建设对保障生态环境更是必要之需。

总之，生命共同体思想是马克思主义生态理论在进入新世纪新时代以来我们对于人与自然关系的深刻认识成果，是我们在新的时代发展条件下对于马克思主义生态思想的进一步深化与发展。

第三节　当代马克思主义生态理论的主要特征及关切

马克思主义生态理论作为一种持续发展的生态学说，一直处于发展变化的过程，始终以人类社会发展的现实土壤为依托，不断汲取新鲜的知识与实践营养，逐步形成了自己的特征。作为马克思主义学说的一个重要组成部分，马克思主义生态理论秉承着实践性、人民性与辩证性的知识传统，日益完善自身的理论结构与实践方法，并逐步呈现出鲜明的理论特征与厚重独特的时代问题动向。在我们看来，当代马克思主义生态理论愈发呈现出红绿结合的理论旨趣，逐渐聚焦建构生态唯物主义理论。

一、当代马克思主义生态理论的主要特征

马克思主义生态理论在当代面临的生态危机问题更为具体，承受的生态压力也是前所未有，学界和社会各界人士对于生态危机的根源与解决对策众说纷纭，但马克思主义生态理论坚持唯物史观的根本导向并未发生改变，只是在当前现实问题场域中表现出一些符合时代色彩的主要特征，客观来说，关注理论先声必定是关切时代之问，这是值得我们予以认真对待和深刻把握的。

（一）体现红绿结合的新理论旨趣

马克思主义生态理论一直关注时代发展的最新问题，进入20世纪以后，尤其到六七十年代，西方发达国家出现一系列生态环境问题，这引发大规模的绿色环保运动兴起，绿党迅速崛起的背后，西方社会开始迎来前所未有的冲击。传统社会主义对资本主义的批判与当代绿党对资本主义引发生态危机的批判叠加，甚至一度出现有对话形成短暂交融之势。这对于马克思主义生态理论来说是一次前所未有的考验，同时也是当代社会主义探索解决生态危机的积极尝试，尽管这期间出现过红绿之争，但整体看，积极关注生态危机的解决是一致共识，是否保留资本主义社会制度是分歧的关键，应否坚持现代主义是分歧的焦点问题。因此，揭示红绿新思维的走向，这将成为我们考察和解读马克思主义生态理论在当代发展的重要起点。

在生态运动中，随着肩扛马克思主义“红色”大旗的生态社会主义思想的崛起，使原来的绿色运动涌入一股红流，这不仅引起了绿色思想家的拒斥，而且使整个绿色政治运动的理论家也逐渐分野为“红色的绿色分子”（Red-greens，生态社会主义者）和“绿色的绿色分子”（Green-greens，包括浅绿色的环境主义者与深绿色的生态主义者）两大阵营，并在两大阵营之间引发了一场“红绿之争”。这场争论在哲学基础、政治取

向、价值观念以及社会变革方案等不同维度展开。他们之间确实存在着不少分歧。譬如在哲学上，红色阵营坚持适当的弱人类中心主义，绿色阵营则强调生态中心主义至上。在政治立场上，红色阵营坚持马克思主义，而绿色阵营则主张自由主义甚至是无政府主义倾向。在文化价值观念上，红色阵营主张现代主义，绿色阵营则突出要坚守后现代主义立场。在社会变革方案上，红色阵营主张激进主义方案，通过革命手段推翻资本主义社会制度，绿色阵营却一味地推崇保守主义与改良主义策略，优先考虑保存资本主义制度前提下的修补措施。应该说这些分歧的存在，确实对于当时解决生态危机的进程带来了不少理论观点上的碰撞与争鸣。

尽管有着一些巨大的分歧，但真理是越辩越明，一系列争论的出现，尤其是在根本立场上是否坚持马克思主义以及解决方案存在诸多对立的立场。伴随着社会改革发展实践的不断推进，绿色阵营所主张的绿色革命、绿色资本主义和自然资本生态化等生态现代化方案都逐一被验证是无法解决生态危机的，这对于增强红色阵营的理论说服力是愈来愈有利的，当传统红色阵营开始逐步对绿色阵营的主张进行吸收借鉴，生态马克思主义、生态社会主义以及社会生态学等一系列凸显出红绿结合特征的理论学派逐步开始走到台前，这对于丰富和发掘马克思主义生态理论的时代内涵有着重要的意义。

（二）聚焦建构生态唯物主义理论

福斯特研究生态马克思主义的最主要目的是要发展出能分析当代环境和生态问题的生态唯物主义。福斯特对生态唯物主义的理解和规定是建立在对马克思和达尔文的唯物主义思想充分的研究基础上的。正像在本书前述分析的那样，福斯特认为，马克思在改造唯物主义时，并没有抛弃他的作为本体论和认识论层面的唯物主义自然观。马克思既批判了所有目的论的认识论，即自然和世界中没有目的，自然和世界是非决定论的同时，他又采用了现在称为“实在论”的本体论立场，强调外部的物理世界独立于思维而存在。因此，福斯特认为，马克思运用了一个既是实在论的又是关系论的辩证方法。作为实在论的形式，它一直坚持自然科学和社会科学、物质观或自然观和社会观之间的密切联系。马克思把唯物主义定义为“属于自然历史过程”。从这一立场出发，它是拒绝把唯物主义与自然界和自然物理科学分离开的，马克思的唯物主义立场内在地要求科学。这种把自然科学和社会科学联结起来的方法能够避免把社会科学二元分裂为“超自然的实证主义”和“反自然主义的诠释学”。

福斯特的观点主要地体现在生态唯物主义得到考德威尔的继承和阐发，并充分地体现在20世纪的生物学家、生态学家巴里·康芒纳（Barry Commoner）的当代生态观中。康芒纳于1974年出版了著作《封闭的循环：自然、人和技术》。美国的《企业周刊》把这本书评为自蕾切尔·卡逊的《寂静的春天》以来最好的最有挑战性的书之一。在这本著作中，康芒纳阐述了他的“通俗的生态学法则”，共有四条。这四条生态学法则在一定程度上体现了生态唯物主义的内涵。

第一条法则是“每一种事物都与别的事物相关”。其最主要的含义在于认为在生物圈内部，在群落、种群和个体、有机物以及它们的物理化学环境之间，存着具有紧密联系的网络。康芒纳借用控制论的成果描述和分析了生态系统的行为能力，得出这样的结论，即在生态系统中“每个事物都是与别的事物相联系的，这个体系是因其活动的自我补偿的特性而赖以稳定的；这些相同的特性，如果超过了负荷，就可能导致急剧的崩溃；生物网络的复杂性和它自身的周转率决定着它所能承受的负荷大小以及时间的长短，否则就要崩溃；生态网是一个扩大器，在一个地方出现的小小混乱就可能产生巨大的、波及很远的、延缓很久的影响。”①这意味着生态系统具有有限的自我调节能力。但外界的刺激或内部的波动有可能导致系统的崩溃。在崩溃之前，这种对生态系统的干扰是无法立即知晓的，因为这里存在着一个类似“蝴蝶效应”的过程。

第二条法则是“一切事物都必然要有其去向”。康芒纳认为，这条法则不仅仅是对物理学的一个基本法则即“物质不灭定律”的通俗的重述。把

① 巴里·康芒纳.封闭的循环：自然、人和技术[M].侯文蕙，译.长春：吉林人民出版社，1997：30.

它运用到生态学上，这个法则所强调的是，在自然界中是没有“废物”这种东西的。在每个自然系统中，由一种有机物所排泄出来被当作废物的都会被另一种有机物当作食物而吸收。如动物排出的二氧化碳对动物来说是一种废物，但对后者来说，却是植物能进行光合作用维持其生存必要条件的“废物”。只是以人类的使用目的来衡量时才是一个“有意义”的词。在人类社会中，当一节含水银的干电池再不能提供有效的电力后就被扔掉了，被那特定的使用者置之不顾。但这并不意味着这干电池就像被施了魔法似的突然消失了。在自然界中，干电池中的各种物质成分都要经过空间的转移和物质形式的转换，如水银。水银在自然界中经过了一个物质循环，极有可能回到人的机体内，并对人的生命和健康构成危害。这里耐人寻味的是“废物”是相对于人的使用目的而言的，而“有害”也是相对于人而言的。对无机界和人之外的有机界而言，特别在有机界中，经过了漫长的进化后，对一个生态系统来说是无所谓“废物”，也无所谓由“废物”造成的危害。只有人类社会才会产生大量有害的在自然界原本没有的物质形式。

第三条法则是“自然界所懂得的是最好的”。对这条法则正面理解是这样的，即“一个现存的生物结构，或是已知的自然生态系统的结构，按照常识，就似乎是最好的”①，因为这是对有伤害的成分做过筛选的，否则，任何新的生物体都会比现在的生物体要糟得多。通俗地说，自然界现存的生物结构都是经过了无数试错后留下来的与生态系统相适应的种类。这条法则的社会意义在于“任何在自然系统中主要因人为而引起的变化对哪个系统都有可能是有害的”②。因此，我们人类要慎重地进行人工生产活动。

第四条法则是“没有免费的午餐”。康芒纳说，他是从经济学中借用这条法则的。其实，如前面所述，这条法则是源于古希腊时期，是前苏格拉底时期的一种普遍看法。伊奥尼亚人认为，自然作为一个整体是不动的，它既不生成，也不消灭。伊壁鸠鲁把它作为自己物理学的原则之一，卢克

① 巴里·康芒纳.封闭的循环：自然、人和技术[M].侯文蕙，译.长春：吉林人民出版社，1997：33.

② 巴里·康芒纳.封闭的循环：自然、人和技术[M].侯文蕙，译.长春：吉林人民出版社，1997：32.

莱修扩展了这一观点。因此从哲学上意义上翻译，可以把它译成“万物产生于无”。

康芒纳认为，他总结的这条法则在于“警告人们，每一次获得都要付出某些代价。从这一方面看，这个生态法则包含着前三条法则。因为地球的生态系统是一个相互联系的整体。在这个整体中，是没有东西可以取得或失掉的，它不受一切改进的措施的支配，任何一类由于人类的力量而从中抽取的东西，都一定要被放回原处”[①]。康芒纳进一步认为，要为此付出代价是不可避免的，不过可能被拖欠下来。现今的环境危机是在警告我们拖欠的时间太长了。

福斯特从哲学角度分析了康芒纳的四条生态法则，认为第一、二条和第四条法则是伊壁鸠鲁主义物理学，特别是卢克莱修的《物性论》中的第一卷的主导原则，它们突出地强调自然界中物质和能量的平衡和自然界作为整体的和谐。这在我们分析伊壁鸠鲁对马克思的唯物主义思想起源的影响时也有论述。福斯特认为，这里的第三条法则初看起来“似乎暗示了一个自然主义的、目的论的决定论”。但是他进一步认为从康芒纳的理论背景上来看，这可以更好地被理解为“进化所懂得的是最好的”[②]。进化过程不能被理解为僵死的、决定论或目的论的过程，而应理解为在每一时期中，包含着许多层次的偶然性这样的过程。在进化过程中，包括人类在内的物种以自然选择的方式适应于它们的环境。由此，福斯特得出了如康芒纳类似的结论，即“在引起根本性的生态变化方面，我们应该小心地前进，要认识。但如果我们在环境中导入了新的合成的化合物，而不是长期进化的产物，我们可能在玩火自焚”[③]。然而，与康芒纳不同的是，福斯特在承认了康芒纳的四条生态法则意义的同时，还突出强调了人的自由。终究，人类不可能完全由自然选择所决定，除死以外，用伊壁鸠鲁的话说，就是“相对于我们的无”因为人有意志自由，一种“偏斜”的能力，

① 巴里·康芒纳.封闭的循环：自然、人和技术[M].侯文蕙,译.长春：吉林人民出版社,1997:36.

② 巴里·康芒纳.封闭的循环：自然、人和技术[M].侯文蕙,译.长春：吉林人民出版社,1997:41.

③ 巴里·康芒纳.封闭的循环：自然、人和技术[M].侯文蕙,译.长春：吉林人民出版社,1997:52.

但是这种“偏斜”是以由我们的祖先及与他们相伴随的有限性构成的物质条件为基础的。在这里，福斯特始终贯彻这样一个认识和行动原则：人类在认识自然规律并承认自然先在的物质性的前提下运用自己的自由。这就是福斯特生态唯物主义的核心理念。这不是一句空洞的口号，而是以唯物主义思想发展和人类对自然界的逐步认识为基础，有着深厚的思想根源和丰富内涵的。从福斯特目前的研究来看，它主要包含以下范畴：自然和自由，偶然和必然，斗争和协作，协同进化，人和环境，技术和劳动等。对福斯特来说，生态唯物主义是他的一个初步研究成果，它的思想和范畴都有待于更充分的发展。然而，它却为我们建构新的、从人与自然关系前提出发的马克思主义生态哲学理论新形态提供了启发。

二、当代马克思主义生态理论的关切点

马克思主义生态理论在当前生态议题成为人类发展抉择时，其重要性尤为突出，关注马克思主义生态理论成为研究生态文明理论不可忽视的环节，为此，亟待从更深层次把握马克思主义生态理论的当代动向，尤其是对于生态帝国主义等生态政治议题以及都市马克思主义的生态学动向等需要引起更多关注。

（一）生态帝国主义成为生态理论的关键词

在对“生态帝国主义”及其理论进行批判之前，我们有必要对生态帝国主义兴起的历史背景及现实原因予以论述，以明确对生态帝国主义进行批判的问题域及其理论旨向。顾名思义，对生态帝国主义进行批判，包含对生态帝国主义的分析以及对生态帝国主义理论的批判。那么，生态帝国主义是什么？它是如何兴起的？其历史背景和现实原因是什么？如何认识生态帝国主义的本质和特征？生态帝国主义理论有哪些主要的流派？其核心内容和观点是什么？以下我们对这些问题进行探讨。

生态帝国主义出现的原因，第一是生态问题的国际化。生态问题并不

是一个国家或地区的单一问题，而是在多个国家或地区相互交织的情况下产生的。人类历史上的三次工业革命，极大地促进了生产力的提升，但它也带来了严重的后果，使我们不得不面临一个严峻的现实问题。三次工业革命对人类生存的生态环境造成了巨大的破坏力。任何人都不得不承认，科学技术的进步具有两面性。在积极的方面，它可以增加改造自然的方式和方法，磨炼人类征服自然和战胜自然的能力，进而推进物质财富的创造和积累，使人类社会的发展进入一个新的高度，甚至达到前人难以想象的精神文明；在消极的方面，我们也必须认识科学技术进步带来的不良后果，也就是它必然带来一系列棘手的问题，主要是由于自然资源和能源的过度消耗，而使人类不得不面对生态环境恶化的威胁。第二是帝国主义国家的生态扩张。帝国主义国家进行的生态扩张是与其资本扩张相伴随的。在自然资源方面，广大的发展中国家因地理位置优越，拥有丰富的矿产资源和经济作物，在长期与自然斗争的历程中也产生了大量有着良好技术并持续接受训练的技术人员。为粉饰其生态扩张行为，帝国主义国家往往会强调其面临着这样或那样的困难，如声称在自然环境、人口数量等方面遇到了麻烦。生态帝国主义兴起的现实原因主要包含两方面，即资本扩张的政治经济学逻辑和人类中心主义思想影响。

西方学界针对西方国家在生态领域的侵略扩张行径，进行深入探讨，形成了众多理论流派，其中最为重要的当属克罗斯比的环境史研究及其对生态帝国主义的广泛讨论，其二是福斯特的生态帝国主义思想，其三是奥康纳的生态帝国主义理论。当然，除了这三个比较典型的理论流派以外，还存在其他的一些理论观点。以下简单梳理一下这些理论流派的基本内容和观点，叙述其各种理论表现形态。

在一定程度上可以说，克罗斯比是生态帝国主义理论的奠基人，正是他在其著作《生态帝国主义：欧洲的生物扩张（900—1900）》当中首次提出了“生态帝国主义”的概念。克罗斯比对生态帝国主义的研究主要涉及三个方面。其一，克罗斯比对环境史进行了详细的研究并广泛讨论了生态帝国主义的形成及其表现。其二，克罗斯比从全球史视角出发对传染病的传播进行了深入探讨。他与麦克尼尔一起，分析了传染病带来的生态问题，并提出了一系列观点。其三，克罗斯比对欧洲扩张以及生态帝国的形成进行了广泛的研究。克罗斯比的生态帝国主义理论，着重于阐释西欧在一千年的历史中不断对外扩张的过程。他认为，这一扩张历史，其实质是新世界的生态系统对“新欧洲”原有的生态系统进行渐进式改造的历史，而从实际后果来看，欧洲人在改造过程中是受益者。客观分析克罗斯比的生态帝国主义理论，主要表现出以下特点：一是其著述涉及的时间跨度很大，前后跨越了近一千年；二是其考察的行为主体不是实际意义上的“人”，而是各种动物和植物；三是其著述中的生态扩张理论具有很强的时代性；四是其理论的基础中包含了很多生态地理学知识；五是其著述在体例上也有别具一格的地方。从其不足之处来看，也是很明显的：首先，克罗斯比只是从纯粹生态的视角来考察人类的行为，并没有重视政治、文化等非生态因素在扩张过程中的作用。其次，克罗斯比一直强调新旧世界动植物交流的单向性。最后，克罗斯比的著述中存在一些常识性错误。

福斯特是当代西方最为重要的生态马克思主义学者之一，他同样关注生态帝国主义的研究和探讨，其理论的主要内容包括以下方面。一是生态道德观和生态马克思主义理论。福斯特认为，造成生态危机的根源在于人类的活动，而要消除生态危机，可行办法之一是从道德的角度构建以“人与自然和谐、生态与社会正义”为核心的价值观。二是能源帝国主义理论。福斯特认为，生态帝国主义不只是涉及生态领域的问题，还涉及经济、政治、文化、能源等领域。能源帝国主义致使全世界形成了一种环境上的非正义格局，使环境问题和社会不公正问题结合在一起，无形之中加深了富国和穷国之间的环境对立。从福斯特有关生态帝国主义或能源帝国主义的论述中，我们可以发现其理论价值。简而言之，福斯特最大的贡献在于指出生态社会主义是走出生态帝国主义的唯一出路，强调践行“以人为本”的可持续发展以实现社会生态正义。

奥康纳是20世纪90年代末期的生态马克思主义领军人物之一。他运用多种研究方法，对“双重危机”理论的根源、内容与实质进行了深度解剖与深入分析。其代表作《自然的理由：生态学马克思主义研究》也由此成为生态马克思主义之经典著作。在他的生态帝国主义理论成果中，最显著的是关于资本主义发展与生态危机问题的讨论。奥康纳强调指出，马克思是最早对资本主义的不平衡发展损害自然生态系统进行理论阐述的。沿着马克思分析资本主义农业基础的思路，奥康纳探讨了全球化时代农业领域的新陈代谢断裂和发展的不可持续性，阐述了资本主义发展不平衡所导致的全球性的原始森林以及生物多样性的消失。通过对这两个方面的论述，奥康纳从生态学视角对资本主义全球化时代的资本主义经济进行了深刻批判。但是，奥康纳的双重危机理论和生态帝国主义理论存在明显的不足。其一，为了构建生态学社会主义理论，奥康纳在忽视马克思主义经典作家众多论述的情况下，对马克思提出了很多责难。其“重构”的历史唯物论体现出明显的形而上学色彩。其二，奥康纳对社会生产资料的所有制问题态度暧昧，甚至采取部分回避的态度，导致其资本主义危机论不够彻底。其三，奥康纳显然没有认识到资产阶级国家和民主的欺骗性，致使其生态社会主义构想只是一厢情愿的“乌托邦”。

在西方学界，还有其他很多学者也对生态帝国主义从马克思主义视角进行了批判，如佩珀、格罗夫等，并呈现出自身的一些特点。一是佩珀的生态帝国主义理论。佩珀从历史唯物主义出发，分析了生态危机的根源，明确提出了人类依靠科学技术对自然的控制并不是造成生态危机的原因，而是在于人类对待自然的特殊方式，并把矛头直接指向了资本主义制度。他认为，是资本主义生产方式导致了生态危机的出现；是资本主义制度导致了生态帝国主义和异化消费，造成了社会与环境的不公正。二是格罗夫的绿色帝国主义。格罗夫认为，现代生态环境保护意识中的很多价值观念来自东方文明。东方的生态文明早就渗透进了西方现代生态文明之中。我们采纳西方现代生态环境保护的价值观念，在一定程度上就是采纳东方人自己的生态环境保护价值观念，是在延续自己的东方生态文明。三是生态殖民主义流派。这一流派的学者提出了如何抵制生态殖民主义的具体措施：大力倡导可持续发展的价值观，增强抵制生态殖民主义的意识，建立符合伦理要求的国际经济新秩序等。四是生态女权主义流派。在文学与生态学相结合的生态批评的基础之上，生态女性主义又加入了寻求两性平等的女权思想，着力于讨论如何缓解日益突出的生态危机，最终建立平衡的自然循环。生态女权主义者反对人类中心论和男性中心论，主张改变人统治自然思想，并认为这一思想来自人统治人的思想。五是气候帝国主义流派。这一流派的学者主要强调气候变化对国际安全和生态平衡的重要影响。

其实对于生态帝国主义，马克思主义生态理论中早就已经有所涉及，只是从未以生态帝国主义的说法展现而已。比如说马克思主义唯物史观和剩余价值学说，垄断批判学说和世界历史理论，列宁的帝国主义理论等。对于社会发展的形态和变化需要是有着客观规律的，对此马克思曾有过深刻的论述。他在1859年所发表的《〈政治经济学批判〉序言》中明确指出，社会形态的更迭是不以人的意志为转移的，它会遵循自身的规律。这就是著名的“两个决不会”的论断：“无论哪一个社会形态，在它所能容纳的全部生产力发挥出来以前，是决不会灭亡的；而新的更高的生产关系，在它的物质存在条件在旧社会的胎胞里成熟以前，是决不会出现的。”[①]这一论断对于我们客观系统地评析生态帝国主义行径及其理论具有重要的指导意义，因为正是西方资本主义国家不尊重社会发展规律，极度夸大人的作用和能力，进而导致了人类中心主义的泛滥并给自然环境带来了灾难性后果。在马克思主义看来，剩余价值的产生必须以资本为纽带。西方资本主义国家在实施生态扩张、转移生态污染等方面，所依靠的就是其雄厚的资本，从而在实施生态帝国主义行为的过程中，榨取超额剩余价值。西方发达国家在推行其生态扩张与侵略的过程中，总体上并没有遭遇到很强劲的抵抗，究其原因，这是与它们在世界上的垄断地位存在密切关联的。对此，马克思主义的危机理论指出，当代的资本主义社会，在资本主义生产过程和整个生态系统相互作用的方式中，同时存在双重危机，这是无法解决的矛盾。马克思主义的世界历史理论也认为“历史的世界化”

① 马克思恩格斯选集：第2卷[M].北京：人民出版社，2012：3.

是在资本主义大发展的基础上形成的。但是，马克思并不认为资本主义是世界历史的理想形态。马克思谈到，世界历史未来的发展必定是无产阶级最终消灭私有制，最终会进入共产主义的理想社会，世界历史的形成是最终实现共产主义的基本前提。

总之，生态帝国主义等生态政治议题研究已经成为马克思主义生态理论在西方学界的主要动向和关注点，尽管目前相关成果还不够全面完整，但整体来看，这一研究动向在未来一段时间仍是研究焦点。

（二）城市空间引发当代马克思主义新关注

都市马克思主义是资本主义都市化进程中对马克思主义理论进行重建的产物。马克思主义的空间重构重新定义并建立城市分析框架，开拓都市化的批判进路，揭露资本主义都市化过程以及全球性城市扩张内在的矛盾与问题，推进当代资本主义批判，具有理论上的合理性，也由此成为当代马克思主义思考生态问题的新关切角度。

20世纪70年代以来，列斐伏尔的《城市革命》（1970）、《空间的生产》（1974），卡斯特的《城市问题：马克思主义的视角》（1972），哈维的《社会正义与城市》（1973）等重要著作先后问世，标志着都市马克思主义理论与方法的真正形成。研究者在对马克思经典著作研究的基础上转向对当今资本主义都市化进程及其问题的关注，从空间政治与地理学维度推进当代资本主义批判，重建马克思主义。伴随着中国城市化进程与问题呈现，以2004年为开端，胡大平、刘怀玉等研究者率先开始了对空间批判理论、历史地理唯物主义的研究，开启了中国大陆都市马克思主义研究的先河。都市马克思主义逐渐成为理论研究中的焦点，引发了学术研究的热潮，成果不断涌现，不仅丰富了国外马克思主义研究，而且，一定意义上也证明了马克思主义的当代价值与意义，同时也为我们丰富21世纪中国马克思主义成果提供了重要的理论营养。当今中国都市马克思主义研究到了理论反思与总结阶段，迫切需要我们本着批判性借鉴的眼光，从方法论上反思其理论定位与界限，更好促进其发展。

首先，都市马克思主义立足于当今资本城市化与全球性城市扩张等空间问题，从空间概念与地理学维度系统梳理马克思理论中的空间思想，重新定位并理解马克思主义，推进资本主义都市化进程中马克思理论的重建。一方面，都市马克思主义者看到了马克思对资本主义城市问题的揭露与批判，充分吸收与继承了马克思这些批判思想，并将其视为都市马克思主义的理论起点与重建的合法性根据所在。在哈维看来，空间生产和空间配置的整合是马克思主义理论化精髓中的积极因素[①]。空间思想是马克思理论的重要构成部分，但是，这些思想长期被忽视，没有受到足够的重视与阐释，更没有得到充分的研究和发展。哈维指出，马克思资本积累理论的地理维度长期以来一直被人们所忽视[②]。所以，他们重新发掘与理解马克思的空间思想，赋予其新的内涵与地位。另一方面，都市马克思主义者认为马克思的空间思想具有明显的不足和缺陷，需要进行理论重构。在哈维看来，马克思理论一直存在着一个强烈的并且是几乎压倒一切的倾向，即优先考虑时间和历史而忽视空间和地理。按照哈维的看法，马克思由于自身理论构架的内在缺陷，其空间理论是不完善的，既没有也不可能完全回答与解决好城市问题，影响了对资本主义城市化批判作用的发挥与实现，面临着城市问题分析的困境与失语。为此，都市马克思主义者尝试补充与发展马克思主义理论中的空间维度，推进马克思主义与资本主义城市化批判的结合，开拓马克思主义的城市化分析进路，走向对历史唯物主义与辩证法双重向度的空间重构，重建马克思主义理论框架。

其次，我们思考的空间与都市问题，更多的是从生态理论的延展角度来看城市空间背后的生态格局与意蕴。尽管它并没有直接对生态理论有着更为直观的描述，但是我们都知道，现代生态危机更主要的都是发生在城市这一现代人类生存的主要空间域场里的。我们如何看待都市马克思主义者对马克思理论的重建，究竟是对马克思主义的创新还是偏离？客观地看，

① 杜培培，杨正联．大卫·哈维在城市空间层面对新自由主义的批判——基于资本的向度[J]．国外理论动态，2017(5)：20–26.

② 魏寒冰．大卫·哈维的城市空间理论研究述论[J]．中共宁波市委党校学报，2019(6)：61–67.

都市马克思主义以资本城市化与都市社会背景下的马克思主义理论重建为初衷，理论上在展开对历史决定论反思与批判的基础上，推进马克思走进都市化时代，建立城市化分析框架，系统构建都市马克思主义理论；实践中推进对资本城市化与都市社会重大现实问题进行批判性研究，激活马克思理论对都市社会的批判功能。从一定意义上讲，它适应了都市社会的理论需要，增强了马克思主义的解释力、批判力和时代价值。但是，都市马克思主义有其内在的理论缺陷与现实限度，过度强调空间的决定性力量，由反对历史决定论走向了空间决定论，事实上以空间的分析与批判代替了社会历史过程的把握，付出了“过度解释”的代价，一定程度上偏离了马克思主义。都市马克思主义者所倡导的多元辩证法与多元决定论，边界无法确定，可以任意阐释，陷入了后现代消极的无限性困境，消解了自身的规范性与理论力量，现实问题也无法得到合理解决。究其根源，都市马克思主义者简单化了历史唯物主义，其中，“历史”是一种总体性范畴，其深层内涵反映与揭示的是社会的历史过程①。

最后，我们要客观看待和评判都市马克思主义的合理性与限度，必须准确把握其理论内核与深层逻辑。随着资本主义城市化进程，都市马克思主义不断推进了理论批判。从理论上来讲，都市马克思主义的出场不仅仅是概念范畴的创新，也不仅仅是理论体系的重塑，核心在于其对都市问题的把握。这些探索既对现实社会有独特的批判作用，同时也为我们认清当代资本主义提供了重要的视域与方法。长期以来，中国的城市化研究重实证、轻批判分析，当下都市马克思主义正成为分析中国城市化问题的重要理论视域与方法，也构成了我们思考与建构中国新型城市化道路与理论的参照范式。正如著名学者胡大平所论断的那样，“马克思主义在城市、地理和空间研究领域可以大有作为，都市马克思主义已经成为今天马克思主义介入社会实践的一种重要形式”②。

① 刘怀玉，鲁宝.历史唯物主义视野中的城市哲学总问题——列斐伏尔的《马克思主义思想与城市》解析[J].南京大学学报(哲学·人文科学·社会科学)，2020(3)：26-37.

② 胡大平.都市马克思主义导论[J].东南大学学报(哲学社会科学版)，2016(3)：5-6.

从总体上来说，都市马克思主义理论与方法也存在着诸多的不足和局限性，但它对于我们深入了解当代马克思主义生态理论思考问题的动向有一定的启发和借鉴意义。事实上，都市和空间马克思主义的某些理论主张将空间置于社会之上，造就了空间与社会之间新的二元分裂与对立。而且，这些学者主要强调了空间的批判性与革命性维度，其规范与建设理论富有理想色彩，在一定条件下是缺乏足够的现实操作性与实践指向的。应该说，城市问题只是社会问题的切入口和一个维度，如果只是从城市问题来把握与概括社会问题，就遮蔽了其他社会问题。正如习近平总书记在党的二十大报告中所指出的，“坚持人民城市人民建、人民城市为人民，提高城市规划、建设、治理水平……实施城市更新行动……打造宜居、韧性、智慧城市”，这恰恰将都市马克思主义的积极效应予以提升。

（三）气候治理与能源冲突成为当代生态危机主要动向

马克思主义生态理论的核心主题一直是坚持对资本主义进行深刻批判，无论是在自由资本主义时期还是垄断资本主义时期。人类进入20世纪以来，伴随着生产力的发展和科技技术运用的不断深入，人与自然资源之间的矛盾日趋尖锐。经济全球化带来的巨大效应，更是促使生态环境问题的影响从单一的国家民族地区逐步演变为危害人类的全球生态风险。气候问题和能源危机问题正是这一情形的真实写照，马克思主义生态理论也对此进行了积极回应。

首先，气候治理博弈下的生态批判意蕴。气候问题是当前人类面临的最严重挑战之一，也是影响未来世界经济和社会发展的重要因素之一。但是，气候是否正在发生变化？气候是“变冷”还是“变暖”？气候变化是由人类活动引起的吗？围绕着这些问题，一个多世纪以来，国际社会争论不休，似乎关于气候变化问题很难有一个肯定的结论。近年来，人们对气候问题的认识有了很大的提高，但对气候问题产生的原因及其影响还是存在很多争议，主要有两种代表性的观点：一种观点认为，人类活动对气候变化产生了重大的影响，如果再不控制温室气体的排放，就会从根本上威胁人类的生存与发展；另一种观点认为，自从人类出现以来，气候就一直处于变化当中，这是一种正常的气象现象，与人类的活动关系不大，不必对当前的气候变化表示过多的担心。有些人甚至提出，“气候变化”实际上是发达国家设置的“陷阱”。

2021年，联合国政府间气候变化专门委员会（简称IPCC）发布的第六份气候变化评估报告就认定，人类活动是造成气候变化的主要原因。我国学者王绍武也从两个方面论证了气候变化的真实性。一是证明中国气候确实在变暖；二是证明这种变暖与人类活动所排放的大量温室气体有关。关于前者，王绍武利用不同的方法对中国平均温度做出变化曲线，得出了中国百余年气候变化的共同特征，即在过去的135年中，中国地域内的气象温度整体上呈上升趋势。关于后者，王绍武将气候变暖的性质分为两类：一是地球、大气运动等自然因素造成的变暖，二是由人类生产、生活排放的温室气体造成的变暖。并且认为，19世纪40年代之前的气候变暖是由自然界因素造成的，而20世纪90年代的气候变暖则是由于人类排放温室气体所造成的。以上关于全球气候变化的主流观点几乎得到了所有国家和政府的高度重视。

虽然世界的主流观点认为人类实践活动引发了气候变化，但是，在这个过程中，怀疑的声音却一直没有停止过。质疑全球变暖主要有两种代表性的观点：一种观点认为，全球变暖的科学性是不值得信任的，即使存在，也与人类活动无关；第二种观点认为，科学技术可以解决全球变暖问题，并不需要改变工业生活方式。俄罗斯著名天文学家哈比布拉·阿卜杜萨·马托夫就认为导致全球气候变暖的主要原因是太阳活动，温室效应与人类工业活动之间不存在必然的因果关系，因为缺乏两者存在必然联系的证据。

其次，气候变化问题的实质是发展权和资源配给的问题。不管减少温室气体排放是伪命题，还是西方国家的“阴谋”或“陷阱”，发展中国家再也不能按照西方国家过去高能耗、高排放、高污染的工业化方式去发展，否则，受益的是西方国家，受害的是发展中国家；也不管全球气候变暖是真命题还是假命题，气候变化已经实实在在地威胁人类的生存与发展，这是人类社会必须要直面的现实问题。如果气候变暖是存在的，那么这些行动将是人类生存和生物圈健康所必需的；即使它不是，那么这些善的行动也会促进其他的善，如生态责任、全球正义、照顾物种等，在道德上也是正确的[①]。气候问题也早已不再是局限于环境层面的科学问题，也不是单纯的经济问题，已上升为政治问题，是一个错综复杂的政治问题。

再次，马克思主义认为，气候变化的根本原因并不是市场机制的缺位，而是资本主义生产方式本身。在资本主义社会下，生产的目的不再是使用价值的消费，而是异化为财富在价值形态上的积累。前者在数量上是有限的，遵循适可而止的原则，能够维持经济生活和自然环境之间的平衡；而后者的逻辑则是贪婪不止的资本积累[②]。在资本积累本性的驱动下，不断扩大的再生产需要进行不断扩大的物质和能量变换。资本主义必须在深度和广度上不断地开发自然，才能维持获取利润的能力。时至今日，气候变化等环境问题的现状表明，资本主义生产方式对地球物质和能量循环的干扰和破坏，已超出地球承载能力。资本的自我扩张与自然界的自身有限性之间的总体性矛盾日益激化，资本主义成了一种反自然的经济制度。按照马克思主义生态理论的理解，气候问题之所以会产生，根本原因在于资本主义国家的一己之私，他们以追求资本积累的资本主义生产方式和实现资本积累所需要的物质条件之间的矛盾为基础，试图扩大资本积累，引发了地球物质和能量循环的“新陈代谢断裂”。这种断裂以破坏生产条件的形式反馈至资本主义制度自身，引起其生产条件与生产方式的“第二重矛盾”。它对资本主义赖以维系的社会生产关系的再生产形成了挑战，表现为资本主义社会中不断兴起的、以阶级反抗为背景的环境运动。为了避免环境运动对社会生产关系再生产的挑战，稳定资本积累的再生产，在新自

① 迈克尔·诺斯科特.气候伦理[M].左高山，唐艳枚，龙运杰，译，北京：社会科学文献出版社，2010：381.

② 陈学明.驶向冰山的泰坦尼克号：西方左翼思想家眼中的当代资本主义[M].北京：人民出版社，2008：35-41.

由主义盛行的资本主义体系中，资本、代表资本的国家和国际组织开始以改良的方式，调整资本与环境之间的关系，表现为碳税、碳市场等手段的应用。这些手段依然是以资本为主导的，尤其表现为气候这一“公共产品”的商品化、金融化。

最后，在马克思主义生态理论看来，这种以资本为主导的对资本主义制度的改良方式，其作用不仅是有限的，而且会进一步加剧资本主义社会的矛盾，引起“剥夺性积累”和“碳殖民主义”。在马克思主义的视角下，全球变暖不是市场缺位的结果，而是资本主义生产方式的产物。资本主义社会中的劳资关系和资本主义世界体系的“中心—边缘”关系，维持了目前高耗能的经济发展模式。更有甚者，随着气候的商品化，以气候变化为代表的生态危机，反倒成了资本主义借以发展的存在方式。对此，一些气候变化政治经济学家分析并指向了与主流理论相反的治理道路——只有改变资本积累的社会经济结构，才能实现真正的气候治理。

基于对资本主义社会的批判，马克思主义者提出了实现“生态社会主义”的多种策略选择。然而，气候变化很有可能在不到一个世纪的时间内，给人类社会造成不可估量的损失。因此摆在我们面前的，不仅仅是“未来会更好”的建设性预想，更是“现在如何做”的策略选择。在目前仍然以资本主义生产方式为主导的全球经济中，我们认为一个可供选择的路径是，利用发展的不可持续性对于全球资本主义生产方式和竞争中的个别国家单个资本短期行为的利害关系，包括潜在的冲突和现实的分化，采取合适的社会动员策略，促成一场气候治理的全球运动。尽管环境、生态危机可能在局部范围内得以控制，但是气候变化的全球性决定了其治理需要全球范围的行动。对此，中国政府始终坚持大国担当，如在党的二十大报告中提到的“积极参与应对气候变化全球治理”。

此外，能源政治困境亟待破解生态危机。传统能源的危害有目共睹，能源政治无法维系，当前世界热点地区和爆发冲突地区之所以未能得到有效解决，主要的原因都是与政治博弈冲突背后的能源问题密切关联的。为此，越来越多的有识之士开始推崇新能源开发以破解传统能源分布不均、面临枯竭以及环境污染的难题。但几十年来，新能源开发过程中资本主义制度下的资本增值逻辑依旧存在。发展新能源的困境背后依旧是旧秩序，资本主义剥削和资本逻辑在发挥着作用。进入21世纪，随着技术进步和能源革命，全球能源市场进入资源相对充足的时期，这使得能源在全球层面被治理的原因和目标设定正在发生实质性变化。油价震荡引发的地缘政治效应已不再是消费国争夺油气产区的传统能源博弈，而是转变为油气生产国出口市场的新型能源博弈。如何构建有效平衡能源市场各方利益的全球能源治理机制，维护全球能源市场稳定和可持续发展，成为当务之急。中国应利用自身在全球能源市场上的角色，提升其在全球能源治理体系中的地位。中国目前是世界最大的油气进口国、世界主要的油气消费国，同时也是重要的能源生产国和投资者，在世界能源市场上扮演着多重角色。这既对中国能源安全提出了新的挑战，也赋予中国深度参与全球能源治理的可能与空间。

第五章　马克思主义生态理论的实践走向与教育启示

马克思主义生态理论是马克思主义理论的重要组成部分，也是马克思主义与社会实践不断结合的产物，关注生态问题的解决与美好社会的构建并将其在教育启示层面予以阐发是马克思主义生态理论的重要价值生长点，也是马克思主义时代化、大众化与科学化的内在体现。这里需要强调的是，本书抓住教育启示并非只是单纯的将生态环境教育融入课堂，而是主张提高全民生态文明意识和生态文明素养。学习掌握和研究马克思主义生态理论要时刻将马克思主义实事求是的精神和与时俱进的品质予以充分运用，进而凸显出富有生机的理论活力与实践价值。

第一节　马克思主义生态理论的实践走向

批判资本主义社会，论证消灭资本主义私有制的重要性和紧迫性，动员无产阶级和广大劳动人民从事阶级斗争和政治解放的实践活动是马克思恩格斯终其一生的重大历史任务。我们要深入了解马克思主义生态理论在当代的独特价值，深入发掘和彰显马克思主义的当代生机与丰富内涵，突出马克思主义破解全球生态危机的实践指向，奠定社会主义生态文明建设的思想认同基础。

一、彰显马克思主义的当代生机活力与丰富内涵

马克思恩格斯具有对自然发展规律、人类社会发展规律和人类解放规律的整体性视野，反映人与自然关系的生态文明理论在他们的理论体系中任何时候都没有缺位。尽管他们没有一部单独论述生态文明的专著，纵观他们一生也没有专门使用过“生态文明”的概念，没有单独就生态文明问题构筑气势恢宏的理论体系，但是，这并不能说明马克思恩格斯是忽视生态文明研究而导致所谓的只有“红色的马克思恩格斯”，而没有“绿色的马克思恩格斯”这一理论真空，也不能错误地认为研究马克思恩格斯生态文明思想属于多此一举。我们必须看到，马克思恩格斯所创立的马克思主义是一个完整且严密的有机整体，他们关于人与自然关系的精辟论述与当代的生态文明概念具有内在的关联和一致性，马克思恩格斯对于生态文明思想的论述不仅早于现代国内外的一些生态文明专家，而且其阐述的生态文明思想也体现了思想内容的超前性、深刻性和完整性。

生态理论在马克思哲学传统中一直发挥着核心作用，但同时又是马克思主义理论中最为薄弱、经常被遮蔽和最有待发展的领域。马克思并没有对生态理论做出系统详尽的阐述，这就为后来学者特别是西方生态马克思主义的不同解读留下了可能性。挖掘马克思哲学的生态逻辑，是当代中国马克思主义者的重要使命，能有效回击一些思想家对马克思哲学的生态诘难。现代许多人之所以没有把握生态危机的本质和根源，就是因为抛弃或者是未能发掘到马克思哲学的生态学价值。当今资本主义面临两极分化和生态危机，与资本主义刚产生时的情况是一样的，依然构成了今天资本主义的基本特征。这意味着马克思哲学对资本主义的生态批判仍具有强大解释力。

当前通过梳理马克思哲学的生态逻辑，来构建马克思主义生态理论面临着许多困难。第一个困难是马克思并没有给我们提出一个完整的生态理论。在马克思的著作中，关于生态问题的理论探讨很多都是警示性的简短

评论或者是隐秘地蕴含在他的哲学阐述和政治经济学批判中，有时候甚至让位于对政治和革命意义的强调。第二个困难是确定马克思生态思想中不同成分的定位。以哲学革命、政治经济学批判和共产主义为分析维度确立马克思分析资本主义的生态批判框架，任何试图阐述马克思哲学生态学理论的方式，都必须包括以上三种分析维度以及解读重构。第三个困难是马克思的生态学思想几乎都散落在马克思的著作中，但我们能够看到，马克思的生态学思想奠基于哲学基础上，根植于政治经济学批判中，彰显于共产主义的设想里。马克思的生态学思想可以放在哲学创新、政治经济学批判以及共产主义理想的语境中加以阐明。这些因素决定了对马克思主义生态理论的探索必须兼顾表述、解读、重构、发展等要素之间的平衡。也就是说，马克思的生态学不仅意味着哲学革命，意味着资本主义的解体，更意味着共产主义的未来。马克思主义生态思想的批判本性将推进马克思哲学的创新和变革，并激发人民群众在现实生活中对资本主义的经济剥削和生态破坏进行抵抗，由此发展为一种意识形态和社会制度的批判，或是一种寻求人全面发展和自由解放的政治理论。

马克思的历史唯物主义哲学观、资本主义生态批判理论以及关于人性和实践这个创造性劳动的概念，都超出了纯粹经院哲学的范围而延伸至哲学与生态学的现实指向领域。它承认人类生存所需要的物质生活条件并使对物质生产条件这个历史之谜的探究成为可能。这种哲学是正义的，它要求人们消灭资本主义制度和资本主义生产方式的不公正和非正义，而且认识到人类自身的珍贵之处在于，将自身理解为意识到它自身价值的自然，并通过实践活动将感性物质世界改造为人类生存的有机要素。马克思把对人与自然辩证统一关系的理解和资本主义城乡矛盾的解决看作超越人类对自然异化的关键所在。他强调人类需要通过现实行动来解决人的异化和自然的异化问题，从而创造一个可持续发展的新社会形态。

马克思的哲学曾经在生态问题上是被诘难的对象，这些误解没有看到马克思哲学本身的同情精神，既包括对人的同情，也包括对自然的同情，允诺要实现人的解放和自然的解放的双重解放。马克思深刻的乐观主义人性概念、关于对资本主义生产方式对人性影响的彻底的生态批判，仍然使得我们当今的世界充满生机和活力。生态问题在马克思的哲学中已经成为一个超越了资本主义制度的社会视野和无产阶级革命运动直接目标的具体问题。马克思哲学本质上是一种对人和自然进行双重关切的生态学思考，在这个意义上，马克思仍然是一个植根于启蒙传统的人道主义的生态哲学家。因此，挖掘马克思哲学的生态内蕴，呈现马克思哲学的生态轨迹，梳理马克思哲学的生态逻辑，进而构建一种马克思主义生态理论，可以给我们提供一个评估马克思哲学与当代生态问题之间的相关性的机会和可能性。

二、突出马克思主义破解全球生态危机的实践指向

马克思主义生态理论这种生态世界观有着如何的现实意义，主要体现在解决全球生态危机和建设生态文明的具体操作层面。

首先，人类社会究竟向何处去？人类究竟应当具有怎样的存在状态？人与自然之间的和谐相处在人类理想社会中究竟居于什么地位？对此，马克思主义生态理论已经做出了较为明确的回答。

既然在马克思那里，一方面人类属于物质世界的一个组成部分，人也是一种自然存在物，另一方面整个自然界“首先作为人的直接的生活资料，其次作为人的生命活动的对象（材料）和工具——变成人的无机的身体”[①]，从而两者原本非但不冲突，而且有着不可分割的内在联系。人与自然界中的其他存在物的关系是伙伴关系，它们之间是完全平等的，理想的社会应当是人与自然和谐相处的社会。

马克思所说的理想社会不仅是一个人道主义的社会，而且也是一个自然主义的社会。把自然主义作为共产主义的一个主要特征，强调共产主义就是人道主义与自然主义的有机结合，是马克思主义生态理论的最根本之处。马克思明确地谈到，共产主义之下的社会，不再因为把私有财产制度

① 马克思恩格斯全集：第3卷[M].北京：人民出版社，2002：272.

和积累财富作为工业的推动力而被异化，“社会是人同自然界的完成了的本质的统一，是自然界的真正复活，是人的实现了的自然主义和自然界的实现了的人道主义”[①]。我们要认同马克思为未来社会的图景构想，更要牢记自然主义与人道主义的完美结合这一典型特征。

其次，我们正面临着生态危机，它究竟对我们人类意味着什么？会将人类引向何处去？马克思主义生态理论能使我们充分认识到生态危机的本质，充分认识到生态危机对我们人类的危害的严重性。也就是说，马克思主义的生态理论将使我们充分认识到人类社会究竟能否继续下去，就取决于当今人类能否跨越生态危机这个阻碍。

马克思主义生态理论一方面在“应然”层面上展开，即从人与自然关系的角度论述了理想社会究竟应当是怎样的，另一方面又在“实然”的层面上展开，即回到现实世界之中，揭露现实世界中人与自然之间是如何对立的。由于马克思主义从本体论角度阐述了人与自然对立的实质，阐述了生态危机的本质，从而我们也可以从根本上来认识生态危机的危害进而提出实践上的解决对策。

按照马克思的论述，生态危机将使我们人类丧失最基本的生活要素，生态危机不消除，我们人类就无法成就为人。如果我们以牺牲自然环境为代价来获取富足的生活，那么这样的生活是以人同自然之间相对立为前提的。试想，人如果无止境地侵犯自然，自然界也会对人类做出报复，其结果是人类社会必然毁灭。无论何时，我们应该铭记这些警惕与劝诫的呼声。

再次，当今人类至关重要的是把握生态危机的根源，进而寻求破解之策。马克思主义生态理论最有价值之处在于，它论述了生态危机是由资本主义的生产方式和生活方式，由资本主义的利润原则和资本逻辑带来的。因此，生态危机并非不可消除，只要人类限制和消除资本逻辑，人类社会是可以走出生态危机的。解决生态危机的最终出路应该是将资本主义变为社会主义。

① 马克思恩格斯全集：第42卷[M].北京：人民出版社，1979：122.

马克思主义生态理论非常清晰地告诫我们：人类消除生态危机、在人与自然之间建立起真正和谐关系的最大障碍就是资本主义制度。资本的本性是与自然对立的，只要资本逻辑在这一世界上还能够畅通无阻，那么人类要解决生态危机就是缘木求鱼的做法。马克思主义生态理论对当今人类的最大启示就是如果不触动资本主义制度，要摆脱生态危机就只能是梦想。人类反对资本主义的理由不仅仅在于这是一个促使一些人残酷地剥削另一些人，造成人与人之间不平等的制度，也在于这是一个促使无止境地盘剥自然，造成人与自然之间对抗的制度。

最后，当今人类究竟如何着手去消除生态危机呢？消除生态危机是一项综合工程，但是其中最本质最核心的是什么？由于马克思主义生态理论将生态危机根源归结于资本主义制度，归结于资本逻辑，从而它就必然地得出结论，消除生态危机就是一场反对资本主义的斗争，人类反对生态危机与反对资本主义应当是同步的。

由于马克思用以说明正是资本主义制度在破坏新陈代谢，导致了生态危机的理由是十分充分的，从而马克思对只有推翻资本主义制度，消灭私有制才能消除新陈代谢断裂，实现可持续发展的论证也是富有说服力的。我们必须记住：改变资本主义生产关系的过程就是“与资本主义利润原则彻底决裂的过程”，只有与利润原则相决裂，才能维护人类与自然之间健康的新陈代谢；废除异化劳动是解决新陈代谢断裂的必要条件，要把改变异化劳动与改变人与自然之间对立关系结合在一起；“有计划性”是人与自然之间健康的新陈代谢关系的不可或缺的内容，一个实现了可持续发展的社会实际上就是人在自然界这一必然领域获得真正自由的社会，而这样一种社会的主要表现形式就是“有意识、有计划地加以控制”，“让生产者联合起来”是实现可持续发展的关键，联合起来的生产者才能合理地调节他们和自然之间的新陈代谢；解决所有制问题，即变资本主义私有制为社会主义公有制是消除新陈代谢断裂，实现可持续发展的前提。

当前我们强调按照马克思主义生态理论来思考解决生态危机，建设生态文明，是一项长期的系统性工程，尽管我们深知资本主义生产方式和资本增值逻辑是解决问题的主要对象，但是并非意味着我们当前就立即决绝地摆脱掉资本主义生产方式。在这里，马克思关于“两个决不会”和“两个必然”的经典论断是依旧成立的，并且很适用在这里说明相应的问题。建设生态文明是个长期艰巨的过程，与资本主义生产方式和资本增值逻辑的决裂也是个较为漫长的时期。全部的关键在于，人类活动的目标不是单一的，而是多元的。这种多元性决定了社会系统的活动指向是一个有机的目标系统，处于这一系统之中的人们，在决定自己目标时，必须综合、平衡与协调自己的各种目标，继而制定出合理的行动方案。对当前人类社会而言，消除生态危机和建设生态文明肯定是一个持之以恒的长期奋斗目标，但除此之外人类社会还有着诸多目标，例如说发展经济提高社会生产力水平，获得更多的物质文化成果，满足人民更多精神文化需要等。为此我们亟待摆正心态，将当前经济社会发展的需求与生态文明社会构建的长期目标相结合，做好具体规划，促成生态危机的真正解决。

我们需要明确的是，当代中国坚持马克思主义生态理论就是要在把握人与自然和谐共生现代化上认真领会，把握住生命共同体思想的内涵，从国内生态治理提升到参与全球生态治理的维度，真正突出马克思主义破解全球生态危机的可行性和独特价值，坚持人类命运共同体的这一精准定位。人类命运共同体和生命共同体，是世界百年未有之大变局中不变的东西，是关乎人类命运并使人类必然走向生态文明道路的坚强柱石。我们认为，在人类命运共同体构建的框架中，东西方由对立走向对话，求同存异是方向，在涉及生态危机等人类生死存亡根本命运的大是大非面前，有可能联合成一个强大的人类命运共同体，共同走向生态文明。

三、奠定社会主义生态文明建设的思想认同基础

社会主义生态文明建设是马克思主义生态理论在社会主义制度下的具体运用，是将社会主义纳入解决生态危机的解决方案，进而寻求生态危机破解之策的一种尝试。事实上，社会主义社会相对于资本主义社会而言，

诞生至今仅有一个多世纪的时间，在社会主义建设改革发展过程中由于多种原因造成了一定程度的生态危害，苏联和东欧国家出现的生态环境问题恰好说明了这一事实。为此，我们在推动社会主义生态文明建设时需要明确三个问题，即社会主义国家为什么也出现了生态问题，社会主义国家是否可以摆脱生态危机，从哪些层面可以确立社会主义生态文明建设的思想认同。

（一）社会主义国家出现生态问题的原因

社会主义国家作为区别于依靠资本增值逻辑而生存的资本主义国家而言，无论是在生产力水平还是生产关系上都有着自己的独特性，但是值得注意的是，作为世界上第一个社会主义国家的苏联，早期领导人比较重视自然资源环境保护事业。当代生态马克思主义学者萨拉·萨卡通过求证后写道，“事实上，列宁高度重视环境保护，前苏联是世界上第一个建立自然保护区的国家。从1925年到1929年，自然保护区的数量，从4000平方英里增加到了15000平方英里。”[①]并且苏联还制定了许多法律来保护大自然，在1977年，环境保护还成为苏联宪法的一部分，成为国家与公民的一项义务。然而，后来的现实情况却出现吊诡的一面，苏联的环保运动逐渐销声匿迹，自然保护区的总面积不断减少，违背环保法规的人也未受到惩罚。

那么以苏联为代表的早期社会主义国家出现生态问题的原因到底有哪些？在萨拉·萨卡等看来，一方面，理论上的原因在于，“如果所有的自然资源和所有的生产力方式都归国家所有，那么，就不会存在像资本主义经济才有的任何外部成本。……污染者——国家——也不能把部分的成本最大限度地转嫁给社会。因此，社会主义社会的环境退化被看做是一种临时现象，当生产力得到充分发展时，它能够而且将被克服”[②]。另一方面，现实的原因则是受领导层的不当决策影响。他们在面对保护生态环境优先

① 萨拉·萨卡．生态社会主义还是生态资本主义[M]．张淑兰，译．济南：山东大学出版社，2008：44.
② 萨拉·萨卡．生态社会主义还是生态资本主义[M]．张淑兰，译．济南：山东大学出版社，2008：37.

还是经济增长优先时，选择了经济增长，这是由当时的时代精神所决定的，因为“在摆脱了资本主义的枷锁后，对科技的飞速发展、无限制的进步、人类的无限能力等的迷信成为占主导地位的时代精神。这一时代精神导致苏联的知识分子忘记了马克思和恩格斯的那些警示性的话语”[①]。法国生态社会主义学者安德烈·高兹则认为，早期社会主义国家出现生态问题的关键不在于其社会制度的优劣，而是这些“社会主义国家”（主要指苏联模式的社会主义）奉行的也是经济理性，而非生态理性，换言之，在苏联模式的社会主义制度下，社会生产和人的行为同样受到经济理性的支配。那么只要受制于经济理性，无论是计划经济还是市场经济，都毫无例外地难以成为真正的社会主义国家。在他看来，苏联模式的社会主义仅仅向人们提供了一幅有资本主义特征的放大画，因为它追求积累和经济增长。尽管他们也实行了多次改革，但这都是在消费主义之上的变动和微调，最后带来的结果是愈来愈向资本主义靠拢，而远离真正的社会主义。高兹指出，社会主义的本质是使经济行为服从于社会的目的和价值，如果不朝这一方向努力，那现存的和传统的社会主义不能成为真正的社会主义。

对于上述问题的回答，应该值得引起我们注意。社会主义国家出现生态问题本身到底是社会主义制度本身的问题，还是早期社会主义国家偏离了社会主义建设的初衷，这一直是我们持续思考的焦点。但从马克思主义生态理论的角度来看，社会主义国家坚持马克思主义理论，坚持社会主义公有制的必然性，在自然观上更是将自然同人的关系置于一种相互依存的共生关系，生态问题在社会主义制度和社会主义国家范围内解决有着内在的必然依据。

（二）社会主义国家解决生态危机的必然性

要阐述清楚社会主义国家解决生态危机的必然性，首先我们要弄明白生态危机的始作俑者是资本主义生产，是资本增值逻辑在作祟。生态矛盾

① 萨拉·萨卡.生态社会主义还是生态资本主义[M].张淑兰，译.济南：山东大学出版社，2008：46.

是资本主义经济矛盾的内在体现，资本主义先天地对环境不友好。这里，借用英国生态社会主义学者戴维·佩珀的话说，正是资本主义制度下人类干预自然的方式是大量地退化和由此造成的使人心惊胆战的后果的原因[①]。他认为，按照马克思的解释，资本主义存在着一种追求不断增长的动力机制，资本主义要为满足日益扩展的市场提供足够的商品，这种扩展是必要的，因为如果消费不扩展的话，资本主义企业在竞争中就无法生存与立足，而随着消费的扩展，对资源的使用也必然日益增长。所以，在资本主义制度下，自然与环境面对的是资本主义“增加资本积累”这一铁的规律，当然，对资本主义制度而言，使利润日益增长、资本不断扩大是必要的，但对于自然和环境来说，将必然是灾难。

那么社会主义国家解决生态问题的必然性正是体现在对资本逻辑的超越上。高兹明确提出，保护生态环境的最佳选择是先进的社会主义。他认为，要有效地开展生态保护，只有实行社会主义制度。在他看来，生产力的经济规则与资源保护的生态规则截然有别。生态理性旨在用这样一种最好的方式来满足人们的物质需求：尽可能提供最低限度的、具有最大价值和最耐用的东西，而花费少量的劳动、资本和资源就能生产出这些东西。与此相反，对最大量的经济生产力的追求，则旨在能卖出最好的效率生产出来的最大量的东西，以获取最丰厚的利润，而所有这些都建立在最大量的消费和需求的基础之上[②]。他在这里将资本主义的生产方式概括为经济理性，社会主义生产方式则是指生态理性，由此，提出社会主义生存方式的合理性存在于生态理性，也是社会主义克服生态危机，进而超越资本主义的地方。福斯特则更进一步提出，现有的资本主义条件下，不可能通过“自然资本化”的路径来化解人与自然之间的矛盾。由于资本主义条件下新技术的运用必须服从于资本逻辑，那么资本主义社会中的技术进步是无法从根本上解决环境问题的。因此，他提出，只有通过社会革命和生态革

① 戴维·佩珀.生态社会主义：从深生态学到生态正义[M].刘颖，译.济南：山东大学出版社，2005:91.

② 安德烈·高兹.社会主义、资本主义和生态学[M].伦敦：企鹅出版社，1994:32-33.

命才能解决所有面临的环境和生态问题，进而符合他设想的一种途径便是，“沿着社会主义方向改造社会生产关系”，“实现社会主义的复兴”的社会理想。在他看来，这样一种实现生态化的战略，事实上建立了一种全新的社会形态，它“不是建立在以人类和自然为代价的积累财富的基础上，而是建立在公正与可持续的基础上”①。

（三）确立社会主义生态文明建设的思想认同路径

确立社会主义国家生态文明建设的思想认同需要明确两个问题，其一，社会主义生态文明建设的重要理论支撑是唯物史观，而唯物史观本身具有充实的生态意蕴，这就具备了在理论上对人进行说服的可能性。其二，目前资本主义解决生态危机的方案基本是行不通的，唯有社会主义生态文明建设的方案具有可行性，这就形成了实践上的必要性与现实性。

第一，坚持唯物史观的生态意蕴。理论只要说服人，就能为群众所掌握，而理论要彻底才能说服人。这里要从马克思主义生态理论本身，如唯物史观的生态底蕴去论证。马克思主义生态理论的关键支撑是唯物史观，唯物史观本身是有着生态思想的，那么就是能够说服人的。唯物史观是马克思主义的核心价值立场，也是马克思主义理论不断融入生产实际，获得新的理论生长点与深度实践的发展诉求，唯物史观中的自然观是马克思主义生态理论的重要支撑点，更是有着深刻的意蕴与价值内涵。

唯物史观是贯穿马克思恩格斯全部著作的中心线索，要把握马克思主义的生态文明思想，必须深刻地揭示唯物史观所蕴含的生态文明意蕴。西方学界长期以来关于唯物史观的研究对象、生产力定义以及人类解放学说等方面莫衷一是，促使唯物史观面临诸多指责，西方不少学者热衷于所谓“重建历史唯物主义”就说明了这一点。鉴于对唯物史观的片面与错误理解，直接影响到对马克思主义生态文明理论的正确认识，影响到新时期生态文明实践中牢固确立以马克思主义生态文明思想为指导的问题，因此，坚持唯物史观就是坚持马克思主义，坚持唯物史观就能深刻把握马克思主

① J.B.福斯特.生态危机与资本主义[M].耿建新，等译.上海：上海译文出版社，2006：75.

义的生态文明理论。总之，认识马克思主义唯物史观蕴含的生态文明思想是科学掌握马克思主义的关键。

唯物史观是关于自然发展、人类社会发展和人自身发展的最一般规律的科学，其价值追求是达到自然解放、社会解放和人的解放融合在一起的社会整体解放和全面进步。长期以来，国内外学者大多将唯物史观单纯视为关于人类社会发展最一般规律的科学，而将关于自然发展规律游离于唯物史观之外，要么忽视其包含的对人与自然关系以及对自然规律研究的生态文明内容，要么片面地理解唯物史观包含的深刻的自然辩证法思维，正是这样有意无意地遮蔽了唯物史观所蕴含的生态文明思想光辉，不利于深入发掘马克思主义生态文明思想，最终不利于坚持和发展马克思主义。曲解和误解唯物史观尤其对其生态文明思想的忽视主要体现在三个方面：其一是以罗素、卡尔·波普尔、柯林伍德、马克斯·韦伯等为代表的思想家，将唯物史观等同于经济史观，认为社会历史发展不能用经济决定论来说明，也不能说成是人民群众推动的，而要用人们的思想意识来说明。他们认为社会历史是伟大人物的思想决定的，宣传赤裸裸的唯心史观。在指责唯物史观的同时，他们公开主张要以唯心主义历史观代替历史唯物主义。其二是以卢卡奇、柯尔施、葛兰西等为代表的思想家，他们将马克思主义的自然观和历史观对立起来，制造马克思和恩格斯的思想对立，认为唯物史观的基础是社会历史，而不是自然，甚至认为恩格斯的自然辩证法突出和强调自然的作用，会导致唯物史观成为自然本体论，而扼杀其作为历史实践辩证法的革命的批判精神。其三是以詹姆斯·奥康纳、本·阿格尔、福斯特、佩珀、施密特等为代表的西方生态马克思主义（生态社会主义）者，虽然他们的表述并不完全一致，但是，唯物史观的问世导致了生态文明思想的缺位和空场。他们认为唯物史观只研究人与人的阶级关系，而没有看到人与自然的关系，没有看到自然资源的内在价值，没有对人与自然的和谐关系给予足够重视。他们进而认为，现代严重的全球性生态危机与唯物史观是有联系的，或者说唯物史观是导致现代生态危机的重要原因，要以生态马克思主义或生态社会主义更新马克思主义。因此，揭示马克思主义唯物史观中蕴含的生态文明思想，还唯物史观的本真面貌，是新时期坚持和发展唯物史观，坚持和发展唯物史观中的生态文明思想，进而坚持和发展马克思主义的迫切需要。

当然，西方也有一些学者看到了马克思唯物史观中蕴含的生态文明思想，如福斯特、佩珀与施密特等人就十分明确地指出，唯物史观内在地包含了生态学和生态思维方式，忽视唯物史观中的生态文明思想，对于唯物史观的理解是不完整和不准确的。其中福斯特做了西方迄今为止最为系统和完整全面的辩护，他认为，马克思具有真正深刻的生态文明思想，马克思主义的唯物主义包含着对于社会的位置先在性的说明以及保持着与唯物主义自然观的内在紧密联系。福斯特指出，马克思的辩证唯物主义自然哲学是其生态文明思想的重要组成部分，具有十分丰富的思想内容。他认为，历史唯物主义在本质上就是生态唯物主义，马克思的世界观就是生态世界观，生态唯物主义是生态学研究的科学理论和方法；马克思的新陈代谢断裂理论体现了对资本主义深刻的生态批判和对全球生态危机的深切关注；可持续发展是自然界新陈代谢裂缝修复的必由之路；共同进化论规定了人在自然界具有的特殊的生态地位，也预示着今天的人与自然和谐共处。施密特认为马克思的自然概念是唯物史观中的重要范畴，马克思主义的自然概念与唯心主义和旧唯物主义的自然观存在着本质上的区别，使其具有社会和历史的性质。施密特指出，在马克思那里，自然界与人类社会既紧密联系，又互为中介。一方面，自然界相对于社会具有优先性，自然同时被社会所中介；另一方面，社会还会被自然所中介。施密特坚信，人类社会是自然界长期进化结果，自然是人类的无机身体，按照马克思的理解思路，“人并没有创造物质本身。甚至人创造物质的这种或那种生产能力，也只是在物质预先存在的条件下才能进行”[①]。他更进一步分析了马克思劳动实践中的生态观，他认为，马克思将劳动称为人与自然之间进行的物质变换过程，其内容是“自然被人化，人被自然化”，尽管在不同时代“人化自然”范围不一样，但是“人化自然”始终是要服从自然规律的

① A.施密特.马克思的自然概念[M].欧力同，吴仲昉，译，北京：商务印书馆，1988：60.

支配。客观来说，施密特的认识理路是符合马克思主义的生态理论内涵的。

第二，坚持社会主义生态文明建设的信心与决心，充分认清目前资本主义解决生态危机的方案都很难行得通。为解决生态危机，更好地维护资本主义统治秩序，资本主义国家进行了多方面的努力，先后提出了绿色资本主义方案、创造性资本主义方案、生态技术方案等多项措施。但事实证明，只要是不摒弃资本主义道路的办法，都是失效的。

西方发达国家工业化生态转向的理论中，最有代表性的是“生态现代化”理论。在摩尔的社会变革与生态转型论中，强调市场动力与经济因素在生态变革中的重要性，反对经济与生态不相容的观点，否认政府在生态环境中的核心作用。摩尔的理论可以算是承认资本主义自由竞争的经济基础上的典型环境理论，具有较强的自由主义色彩。在哈杰的综合性新政策论中，强调科学技术对环境变革的积极意义，哈杰的技术组合主义生态现代化的实现是依靠政府、商人、改革派环境主义者和科学家联合制定政策，并进行权威论证。与此相对的理想模式是“反省式”生态现代化，更多地注重公众的监督与评估。哈杰的技术组合主义的生态现代化与摩尔的理论具有相似的自由主义色彩，而他的“反省式”生态现代化，由于强调公民民主参与，可以说表现为一种自由主义环境理论之上的创新。克里斯托弗的强化生态现代化论，只注重环境问题的技术解决，将解决环境问题的重心放在经济体制与社会结构的变革，采取开放民主的政策决策模式，以及生态问题的全球关注等方面，这使强化生态现代化理论具备了一种资本主义框架内的革命性，在生态现代化理论中属于较为激进的一派。虽然在某些方面，比如环境议题民主参与的观点上也有创新意义，但本质仍然是在资本主义基本框架下。因此有学者指出，生态现代化编织着新自由主义的乌托邦幻想①。

虽然上述论断中一些主张可以被我国借鉴，比如发展解决环境问题的新技术，扩大环境议题的公民参与等。但是，西方意义上的生态现代化，

① 郇庆治.生态现代化理论与绿色变革[J].马克思主义与现实,2010(2):12-13.

其理论归宿仍旧是发达国家自身，欧共体第一个环境行动纲领中规定的宗旨就是：改进欧共体人民的生活环境与质量、居住环境与条件。所以，研究西方环境政治的著名学者郇庆治指出，生态现代化理论由于国际社会的等级化分裂和被经济全球化与区域一体化强化的相互间竞争，从而难以提供一种可操作意义上的共同行动指南。

第二节　马克思主义生态理论的教育启示

马克思主义生态理论体系包含着丰富的生态思想，为我们正确处理人与自然的关系、解决生态危机、实现可持续发展提供了重要指引。马克思揭示了人与自然关系的应然范式，为进一步正确处理好人类在发展过程中面对自然的各种科学方式提供了重要参考，应该说长期以来人类实践过程中友好地处理人与自然关系的案例和事实都能有效地得到马克思主义生态理论的有力支撑，为此我们需要总结经验，全面看待马克思主义生态理论带来的教育启示。

一、培育生态理性思维超越增长主义价值观

工业文明时代的价值观是以人类为中心的价值观，在这种价值观的驱使下，人类对自然无限地征服、统治、索取，严重破坏了自然生态的平衡，环境问题日益恶化，威胁到人类生存。人们越来越认识到必须从根本上改变那种把自然当作人的支配对象的片面价值观，重新审视自然的价值以及人与自然关系。

当前，空气污染、水污染、土地污染等污染范围越来越广，部分自然资源面临枯竭的境地，自然灾害频繁发生，所有这些都在告诉我们一个事实：人类生存环境在恶化。面对日益恶化的生态环境，我们不得不思考我们过往的经济发展行为：我们毫无节制地对大自然的索取到底给我们带来

了什么？我们以牺牲环境为代价换来的增长到底有多少价值？我们必须承认全人类正面临着一场前所未有的危机：如果继续照此下去而不转变发展方式，人类或将在不久的将来遭受毁灭性的打击。痛定思痛，我们必须转变观念、转变经济发展方式，贯彻落实科学发展观，按照科学发展观的要求来处理好经济发展、环境保护、资源开发之间的关系，争取以最小的代价争取最佳的发展效益，努力实现人与自然和谐相处，实现良性循环、全面发展、持续繁荣的理想发展模式。生态文明建设是对人类文明发展理论的丰富和完善，是我们党关于发展理论的深刻论述，是构建和谐社会、实现科学发展的理念在生态保护方面的理论与实践的升华。为此，我们必须转变观念，走可持续发展之路，用最少的资源、最少的环境污染争取最大的社会经济效益。保证有限的自然资源既满足我们这代人的发展需要，又不损害后代人的发展，为我们的子孙后代留下一个永续利用和持续发展的资源环境，实现可持续发展。

马克思恩格斯的生态自然观为解决人与自然环境的冲突提供了理论支撑。人类要想获得长久永续发展，就必须保持与自然环境的和平共处。马克思恩格斯反复强调自然资源并不是可以无限获取的，人类发展一定要遵循自然界客观规律，在自然资源能够承受的范围内予以合理利用。现代经济社会与科技水平的迅猛崛起使得人们能够不断地在物质上得到充分的满足，并且对于资源的需求也大幅提升。我国从原来的只片面追求物质生存条件，逐步转变为注重物质生存条件同时还要对自然资源进行充分的保护，如今又过渡到保持经济社会高效稳定运行的同时，尽可能地不浪费资源，不破坏环境。表现为各地发展逐步将体现生态文明要求的评估体系纳入对党政干部的考核中。最典型的是环保部门重启对绿色GDP的研究以及在一些地区开展的GEP实践。绿色GDP是在GDP的层面上，减去由发展经济所带来的资源亏损与环境损耗的后果。随着绿色GDP和GEP研究的深入，特别是统计体系的日臻完善，中国的生态文明考评体系会越来越符合马克思主义生态观的要义。

马克思对于资本逻辑的批判告诉我们，对于资本一定要有所约束和控制。人类自身的发展要着眼于未来，地球资源是有限的，并非取之不竭、用之不尽的。人类的实践行为一定要合乎客观规律，在地球资源能够承受的范围进行适度索取。从社会主义市场经济层面来说，我们对于资本的态度不能两极分化，对自然界既要进行合理适度开发，同时也要科学有序地对人类的行为进行约束，让人类始终坚持走可持续发展之路。这种发展理念和模式已从概念层面逐渐转变为实际行为，上升到了国家意识层面乃至世界共识。

二、树立绿色发展导向实现人类幸福公约数

大学生马克思主义生态观教育是一个复杂的系统性问题。我国的国情与历史条件决定了大学生马克思主义生态观教育应扩展至全社会场域，延展至更长期的教育过程。大学生马克思主义生态观教育需要调动各项积极因素，构建具有中国特色的教育路径。政府应按照现实需要，转变职能，努力完善马克思主义生态观教育的外部环境建设。高校应构建大学生马克思主义生态观教育的有效模式，动员大学生参与马克思主义生态观教育的各项实践活动，从而提高他们的生态素养和生态实践能力。大学生自身应拓宽马克思主义生态观的自我教育的方式和途径，提升观念意识、约束自我行为，积极投身实践。

大学生马克思主义生态观教育的全面实施，坚持以发展的马克思主义理论对人的客观实践进行指导是关键。大学生群体应坚持以马克思主义思想理论为指导，以马克思主义生态思想和习近平生态文明思想为行动指南，努力提升生态道德水平，获取广博的生态领域相关知识，并指导生态行为实践。所以，开展大学生马克思主义生态观教育和培养，重点是帮助大学生树立坚定的理想信念，激发他们在教育活动与生态实践中形成高尚道德品质，推动形成良好社会风尚，积极投身社会实践。

我国当前环境污染、资源过度损耗等一系列问题不容乐观。对于大学生群体开展马克思主义生态观教育，要加强对习近平生态文明思想的理解

和掌握，不断寻求破解我国生态问题的有效方法和手段。党的十八届五中全会提出以人民为中心，坚持绿色发展的新发展理念。这一思想的提出是与我国特定时期的国情相适应的。新时代推进生态文明建设，要不断破除一些陈旧落后思想，创新绿色发展思想和理念。绿色发展理念的构建与绿色科技紧密相联，绿色科技是推动绿色文明快速发展的重要基础和强大后盾。要推动人类社会绿色文明发展，就要制定出与我国国情相适应的推动绿色科技发展的相关制度和措施，走绿色科技发展之路。

一是实施绿色发展要将环境保护放首要位置，在考虑当代发展的同时也要考虑后代的发展，努力为后代留下绿水青山，留下一片净土。要把生态保护落实到社会各个主体的具体行动上，全面落实不同主体的环保责任，在改革发展中加大环境保护力度。二是要在绿色科技发展上下功夫。各级政府和社会组织要加大资金投入，扩大科技创新人员规模，提升绿色科技成果产出率，推动绿色科技产业发展，加速绿色科技创新成果的转换，使其尽快应用到生态环境保护的实际，在生态治理中充分发挥绿色科技的生态价值和作用。三是要全面推进环境科学技术的提升。要从环境科学入手，推进生态环境综合治理。要依据系统的整体思维，深化生态科学研究，对传统的能源布局进行革新，加强可持续可再生新能源的开发和使用。政府和社会各级组织要推动创新绿色经济转型，实现经济结构均衡发展，在能源损耗方面要进行方式转变和结构调整，要改良以高投入、低产出为特质的经济布局，改革资源配置不合理框架，用制度控制能源消耗的总量，构建绿色金融体系，推动绿色经济转型。

实施生态保护的红线制度。我国先后出台了《关于划定并严守生态保护红线的若干意见》（下称《意见》）和《生态保护红线划定指南》，对划定和严守生态保护红线做出全面战略部署。生态保护红线是维护和保障国家生态安全的“生命线”和底线，是新时代中国特色社会主义生态文明建设的重要内容。党的二十大报告中明确指出，牢牢守住十八亿亩耕地红线，逐步把永久基本农田全部建成高标准农田。

当前及时有效的划定生态保护红线已经成了我国必须高度重视和长期

坚持的一项任务。这一发展任务要想获得有效实施，一是要将目前我国与生态保护红线相关的规范和制度在立法中得到体现，做好法律保障。要对生态保护红线的内涵和构成进行有效的规划。《意见》中明确指出："推动生态保护红线有关立法，各地要因地制宜，出台相应的生态保护红线管理地方性法规。"因此一些地方政府和相关部门可以按照实际情况，积极制定一些符合地方性发展的法律法规，切实制定科学合理的标准和程序，并对不同主体之间存在的利益冲突进行有效的协调，使其在相互配合的基础上，为我国生态环境的发展提供基础支撑。二是积极制定山水林田湖草生态系统的保护和修复制度。我国当前需要致力于对横向的保护协调体系进行探索，从而保证当前生态保护红线区域存在的问题能够得到及时处理，真正做到因地制宜和及时有效完成生态系统的保护和相关工程的修复。在一些生态发展比较成熟的地方实施"生态移民工程"，积极推进生态功能的快速恢复。党的二十大报告指出要"深入推进环境污染防治"，加强对生态保护红线的监督和管理，才能够使得生态环境保护体制变革更加完善和有据可依。当前随着全球经济一体化的快速发展，我国资源问题与环境问题开始与国际化接轨，目前国际上出现的资源问题、环境问题和生态危机在不断发生着深刻的变化，

任何国家都不能独善其身。我国是目前世界上发展速度最快的发展中国家之一，要主动应对全球生态发展的新形势、新问题和新变化。一是要努力遏制生态帝国主义思想，不断在国际上树立生态正义立场，树立国家形象，为打造人类生态命运共同体贡献出中国方案和中国力量。要坚决反对生态帝国主义，保证国际生态正义。生态帝国主义其本身属于帝国主义的一个发展形态。

当前资本主义制度以及包含其中的生态帝国主义的发展开始呈现全球化蔓延的趋势，使得生态危机变得日益严重，使我们为之生存的家园环境受到了影响。因此，在当前全球化快速发展时期，人类不仅需要关注自身的生产和发展情况，同时还需要关注生态帝国主义思想的发展，要彻底抑制西方发达资本主义国家在当前生态发展上的霸权主义，真正维护生态正

义和社会正义，使得人类能够在生态共同体的环境下得到公正和公平的生存权利。

二是要积极缔造我国区域协同发展的生态命运共同体，为推动人类生态命运共同体创造良好的发展基础。通过缔造生态命运共同体，促进区域生态发展安全，通过深入广泛交流沟通，为全球生态治理注入中国元素。

三是有效推动“一带一路”，秉承绿色生态的发展理念，密切关注国家与地区生态利益的平衡，加强环境保护措施实施，确保不同国家和地区物种的多样化和多元化；同时关注海洋生态环境的发展，做到不破坏海洋生态，使其生态标准能够保持在一个平衡的水平；缔造“一带一路”国与国之间的合作与交流，不断提升大众在环境保护上的意识，使得相关国家在应对气候变化和实施环境保护的能力得到有效提升，共同完成生态治理。

人的生命活动的异化进一步加剧生态危机。生态幸福观不仅是符合历史发展趋势的必然选择，也是破解当前生态困境的现实选择。生态问题越来越成为全球范围内人们普遍关注的话题，这一方面表现了人类对于自身生存环境质量的关心，另一方面也反映出人类所居住的生态环境问题较以往都更加严重。生态问题造成的原因是人类妄图将自然界变成自己的奴隶，对自然界的其他生命随意践踏。人类在使自然异化的同时人性也随之发生异化，人性的异化使人类的幸福感越来越缺失。从破解人性异化、人类幸福的视角寻找生态问题的解决出路也具有重要意义。生态幸福观的教育就是破解人类生态危机困境的一条重要路径。

生态文明是对工业文明的超越，在伦理价值的空间性质上将由探讨人类的种内伦理扩展到人与自然的种间伦理。生态文明坚持可持续发展的理念，充分发挥人在物质生产和精神生产中的积极主动性，是遵循自然生态系统运转的客观规律而建立起来的人与自然协调发展的社会文明形式。这种由人与自然之间构建的和谐关系，必然会延伸到人与社会以及人自身的和谐关系。生态文明的理念为人类走出生态危机指明了方向。自然生态的良好运转是人类文明发展的体现，是人的本质对象化的产物。因此，生态文明建设的出发点和落脚点是人，生态文明归根结底是人的文明。

三、立足基本国情提升生态文化认同度

生态文化是随着绿色运动的兴起而建立起来的一门新的文化，生态文化在不同历史时期的发展代表着人与自然之间关系的不断转型，从生态文化的变迁中看到人对自我地位的认识更加理智。从生态文化的中国智慧、马克思主义的生态观、西方生态理论学派等方面分析求同存异容纳多元生态文化的理论，探讨加强生态文明建设的文化认同理念——天人合一。我们要以马克思主义生态观为指导建设美丽中国，以广博包容的生态文化为指引探索生态文明建设道路。

生态文化是随着绿色运动的兴起，在敬畏自然的人文理念感召下，旨在维护人类赖以生存的地球家园而建立起来的文化，它是人类在认识和探索自然过程中形成的，反映人与自然和谐互动关系的物质和精神文明的总和，其特点是用生态学的观点和思维去观察事物、解释现象、处理问题。生态文化起源于工业文明引起的日益加深的全球性生态危机，面对人类活动所造成的触目惊心的自然灾难，人们越来越清醒地认识到，人类不是宇宙的中心，不能主宰自然，人类只是自然界的一部分。不改变以牺牲生态环境来获取经济利益的生产方式和奢侈浪费的生活方式，就不可能有效地阻止生态环境的恶化。优越的生态资源既有自然属性，也有文化属性。人类在自然界辛勤耕耘的时候，自然也在创造着文化，在中古英语和拉丁语中“文化”本来就有“耕耘土地”的含义。文化是自然的“人化”，人类所有文化都在述说着人与自然源远流长、密不可分的关联，不同历史阶段的文化模式，都离不开人与自然这个文化内核。

在原始社会，人类缺乏对自然万物客观规律的了解和把握，将日月星辰、山川河流、风雨雷电都赋予了至高无上的神力，并把自己的吉凶祸福、生老病死都寄托给了神灵世界，人对自身、自然以及人与自然关系的认识还处于不自觉的混沌状态。

在农业社会，人类不再无力地屈从于自然，而是为自身的生存，对自

然实施有限的改造，当人类有意识地播撒种子、圈养动物时，我们看到了人类对自然认识的进步。人类对自身存在的意识，也逐渐从神的束缚中解脱出来，实现了质的飞跃。农业社会的人们顺应自然，知道改造自然为我所用，但依然与自然保持着血浓于水的情感，是人类自我意识启蒙的时代。

在工业社会，人类积累了大量的文化财富，对自然的认识达到了前所未有的高度，自认为获得了征服自然的力量，过分地强调自我对自然的肆意索取，威胁到了人类自己的生存。人类自我意识的扩张，使人凌驾于自然之上，大自然对于人类的这种自以为是的行为也予以了惩罚。

生态文明时代，人在自然威力中觉醒，开始重新审视人在自然中的地位，在自我意识反思的带领下，对自我认同不断深入，进入到自我认识更清醒的文化时代。人类走出混沌和盲目，改变了对宇宙和自然狂妄自大的态度，不再凌驾于自然之上，而是回归自然，顺应自然，与其整体共存，协调共进。

从原始社会、农耕文明到生态文明时代，人类的自我认同从自我意识缺乏到自我意识启蒙，从自我意识扩张，再到自我意识的觉醒，这是一个人类对自然规律的掌握不断深化的过程，也是人与自然的关系从蒙昧到冲突再到和解的过程。

我们的祖先在与自然交往的漫长岁月中，形成了与自然和谐共处的生态文化理念，“天人合一”诠释了人与自然的相处之道。中国古人与天地四时的沟通依据，就是把自身置于自然之中，作为自然的统一体和自然的产物，要顺应自然而不能反其道而行之，以求得天地万物的和谐。这种“天人合一”的观点渗透着朴素的生态萌芽与直觉，也构筑起了人与自然之间的平衡关系。

马克思、恩格斯的生态观渗透在他们对人类社会发展规律的分析，以及对资本主义社会反生态本质的批判中。马克思在对资本主义社会关系的批判中指出，正是资本主义自身的经济制度和生产方式，对自然生态系统产生了严重的干预和破坏。

马克思把自然置于社会发展中，指出资本主义的生产与生态之间有着不可调和的矛盾，资本主义的生产方式也决定了在这种社会形态中不可能实现真正的生态文明。只有当资本主义生产方式被能够适应社会化大生产的社会形态所取代，建立在尊重自然规律、顺应自然基础之上的社会形态，才能实现人与自然的和谐发展。也就是说，只有在共产主义社会，人与自然的关系才能实现和谐。在共产主义社会中，“社会化的人，联合起来的生产者，将合理地调节他们和自然之间的物质变换，把它置于他们的共同控制之下，而不让它作为一种盲目的力量来统治自己；靠消耗最小的力量，在最无愧于和最适合于他们的人类本性的条件下来进行这种物质变换”[①]。从而实现人与自然之间矛盾的真正化解。马克思和恩格斯终身的历史使命就是构建起人与自然和谐发展的文化生态关系，实现人与自然的和解、人与人的和解。关于人与自然的关系，马克思主义认为，人类社会与自然之间应该是一个有机联系的整体。人离不开自然，自然是人类获取生存物资的宝库，也是人类精神财富的创造源泉，人类必须与自然保持能量和信息的不断交流。

① 马克思恩格斯全集：第46卷[M].北京：人民出版社，2003：928-929.

结　语

当今世界，生态危机凸显。尽管学界存有不少对马克思及马克思主义的生态诘难，无论是从控制自然论、技术万能论还是共产主义设想存疑论等视角出发，都得到了马克思主义阵营的有效回应和充分辩护。当前，质疑和重构马克思主义生态理论的声音并未停止，但马克思主义生态理论研究已成为马克思思想研究中的“显学”，马克思有着丰富深刻的生态思想已经成为学界的共识。伴随着全球生态危机治理的理论需求与中国特色社会主义生态文明建设的实践需要，坚定地用好马克思主义对资本批判的传统武器，激活和释放马克思主义生态理论能量愈发得到人们肯定。

哲学家们的使命是认识和解释世界，马克思主义者则是承担着改变世界的责任。自诞生以来，马克思主义就一直为揭示人类社会发展不平等的根源，指证资本主义是现代社会各种危机的始作俑者而不断努力。马克思主义生态理论认为，资本增值逻辑及其背后的各种支撑体系是导致生态危机的罪魁祸首。马克思时代早期生态环境的问题正是现代生态日渐恶化的预演。从19世纪开始，马克思主义生态理论就已经充分汲取空想社会主义理论中的资本批判理论元素，以独特的政治经济学视角，重视资本主义批判，形成无机身体论、自然报复论、人与自然双重和解论以及新陈代谢断裂论等主要内涵。进入20世纪之后，逐步发展演进更多深刻的理论意蕴。在21世纪初期的西方，渐渐形成生态马克思主义、生态社会主义等理论成果，极大地丰富和发展了马克思对资本主义的社会批判理论。

马克思主义生态理论发端于西方，但却在东方世界的中国得以大放光辉。自新中国成立以来，70多年的建设、改革与发展实践，不断促使中国化马克思主义生态理论成果日渐成熟。生态发展观、生态文明观、生命共同体等新理论元素的丰富为人们批判资本主义和坚持马克思主义生态理论开辟了一条生态路径。马克思的生态思想在当代世界，特别是在中国引起了极大的社会反响，产生了强烈共鸣。马克思主义生态理论是中国共产党人建设生态文明的指导思想。“努力建设美丽中国”是马克思主义中国化的生态维度，党的二十大报告在人与自然关系、生态文明建设方面提出了许多新思想、新观点。例如“大自然是人类赖以生存发展的基本条件”“绿水青山就是金山银山”等，中国共产党在生态文明方面的理论创新都能在马克思主义生态理论中寻到“根本”，觅得“源头”。马克思主义生态理论是我们推进社会主义生态文明建设的理论基础，也是我们牢固树立社会主义生态文明观，推动形成人与自然和谐发展现代化新格局的精神动力。为此，我们有必要充分树立马克思主义生态理论的理论自觉与道路自信。

增强马克思主义生态理论自觉与自信的途径在于理论的创新。马克思主义生态理论的创新就是在全球性生态危机的时代背景下，以生态实践为基础，以马克思主义基本原理为核心，坚持批判继承，与时俱进，丰富和发展解决生态危机的视野和方法。理论创新的动力来自实践，实践没有止境，理论创新也没有止境。生态危机的根源不在于理论观念，而在于实践中的生产方式本身。因此，理论的创新就是不断总结实践中的得失正误，面对实践中的新问题、新情况做出新概括和总结，拓宽理论视野，为生态危机的解决提供思想指南和理论指导。在马克思主义生态理论的创新中，应避免纯粹回归文本、回归哲学史的倾向。因此，马克思主义生态理论的创新一定要让思想深入实践，要有面向现实的问题意识，才是真正的理论创新。

主要参考文献

（一）著作

马克思恩格斯文集：第1卷[M].北京：人民出版社，2009.

列宁专题文集：论马克思主义[M].北京：人民出版社，2009.

毛泽东文集：第8卷[M].北京：人民出版社，1999.

江泽民文选：第1卷[M]. 北京：人民出版社，2006.

胡锦涛文选：第2卷[M].北京：人民出版社，2016.

尼古拉·伊·布哈林.布哈林文选[M].郑异凡，编.北京：人民出版社，2014.

格·瓦·普列汉诺夫.普列汉诺夫文选[M].张光明，编.北京：人民出版社，2010.

卢森堡.资本积累论[M].彭沉舜，吴纪先，译.北京：生活·读书·新知三联书店，1959.

乔尔·科威尔.自然的敌人：资本主义的终结还是世界的毁灭？[M].杨燕飞，冯春涌，译.北京：中国人民大学出版社，2015.

广州市环境保护宣教中心.马克思恩格斯论环境[M].北京：中国环境科学出版社，2003.

阿尔温·托夫勒.第三次浪潮[M].朱志焱，潘琪，张焱，译.北京：生活·读书·新知三联书店，1984.

约翰·贝拉米·福斯特.马克思的生态学：唯物主义与自然[M].刘仁胜，

肖峰，译．北京：高等教育出版社，2006.

托马斯·莫尔．乌托邦．[M]．戴镏龄，译．北京：商务印书馆，1982.

威廉·莫里斯．乌有乡消息[M]．黄嘉德，包玉珂，译．北京：商务印书馆，1981.

詹姆斯·奥康纳．自然的理由：生态学马克思主义研究[M]．唐正东，臧佩洪，译．南京：南京大学出版社，2003.

戴维·佩珀．生态社会主义：从深生态学到社会正义[M]．济南：山东大学出版社，2005.

巴里·康芒纳．封闭的循环：自然、人和技术[M]．侯文蕙，译．长春：吉林人民出版社，1997.

萨拉·萨卡．生态社会主义还是生态资本主义[M]．张淑兰，译．济南：山东大学出版社，2008.

安德烈·高兹．社会主义、资本主义和生态学[M]．伦敦：企鹅出版社，1994.

J.B.福斯特．生态危机与资本主义[M]．耿建新，等译．上海：上海译文出版社，2006.

张云飞．唯物史观视野中的生态文明[M]．北京：中国人民大学出版社，2018.

郇庆治．环境政治国际比较[M]．济南：山东大学出版社，2007.

约·贝·福斯特．生态革命：与地球和平相处[M]．刘仁胜，等译．北京：人民出版社，2015.

赫伯特·马尔库塞．单向度的人：发达工业社会意识形态研究[M]．刘继译．上海：上海译文出版社，2014.

孔明安，尚杰，王凤才，等．当代国外马克思主义新思潮研究：从西方马克思主义到后马克思主义[M]．北京：中央编译出版社，2012.

王雨辰．生态批判与绿色乌托邦：生态学马克思主义理论研究[M]．北京：人民出版社，2009.

刘仁胜．生态马克思主义概论[M]．北京：中央编译出版社，2007.

余谋昌.环境哲学:生态文明的理论基础[M].北京:中国环境科学出版社,2010.

钱易,何建坤,卢风.生态文明十五讲[M].北京:科学出版社,2015.

辛向阳.中国特色社会主义道路研究[M].石家庄:河北人民出版社,2011.

王宏斌.生态文明与社会主义[M].北京:中央编译出版社,2011.

戴维·赫尔德,安格斯·赫维,玛丽卡·西罗斯.气候变化的治理:科学、经济学、政治学与伦理学[M].谢来辉,等译.北京:社会科学文献出版社,2012.

苗东升.复杂性科学研究[M].北京:中国书籍出版社,2013.

蔡华杰.另一个世界可能吗?当代生态社会主义研究[M].北京:社会科学文献出版社,2014.

(二)期刊论文

陈学明.中国的生态文明建设会创造一种人类文明新形态[J],江西师范大学学报(哲学社会科学版),2022(1):3-8.

陈学明.马克思唯物主义历史观的生态意蕴:评生态马克思主义者J.B.福斯特对马克思主义的解释[J].上海师范大学学报(哲学社会科学版),2010(1):13-26.

陈学明.马克思"新陈代谢"理论的生态意蕴:J.B.福斯特对马克思生态世界观的阐述[J].中国社会科学,2010(2):45-53.

王雨辰.生态马克思主义研究的中国视阈[J].马克思主义与现实,2011(5):183-188.

戴维·麦克莱伦,方珏.马克思主义与生态:理论反思与现实考量的链接点——戴维·麦克莱伦访谈录[J].现代哲学,2020(2):45-50.

郇庆治.西方生态社会主义研究述评[J].马克思主义与现实,2005(4):89-96.

郇庆治.生态马克思主义的中国化:意涵、进路及其限度[J].中国地质大学学报(社会科学版),2019(4):84-99.

童成帅.习近平生态文明思想的方法论体系探释[J].社会主义研究,2022(5):1-8.

刘仁胜.生态马克思主义发展概况[J].当代世界与社会主义,2006(3):58-62.

刘仁胜.约翰·福斯特对马克思生态学的阐释[J].中国石油大学学报(社会科学版),2004(1):57-60.

韩欲立,温晓春.生态文明论的生态马克思主义基础:基于欧洲、北美与中国的比较研究[J].西南大学学报(社会科学版),2013(4):5-11,173.

张云飞."生命共同体":社会主义生态文明的本体论奠基[J].马克思主义与现实,2019(2):30-38.